经济的脚步

—— 对《自然而然地生长》的补充解释之一

阿伟 著

郑州大学出版社

郑州

图书在版编目(CIP)数据

经济的脚步/阿伟著. —郑州:郑州大学出版社,2018.9
ISBN 978-7-5645-5765-2

Ⅰ.①经… Ⅱ.①阿… Ⅲ.①市场经济-研究 Ⅳ.①F014.3

中国版本图书馆 CIP 数据核字 (2018) 第 196583 号

郑州大学出版社出版发行	
郑州市大学路40号	邮政编码:450052
出版人:张功员	发行电话:0371-66966070
全国新华书店经销	
河南文华印务有限公司印制	
开本:890 mm×1 240 mm 1/32	
印张:7	
字数:167 千字	
版次:2018 年 9 月第 1 版	印次:2018 年 9 月第 1 次印刷
书号:ISBN 978-7-5645-5765-2	定价:38.00 元

本书如有印装质量问题,请向本社调换

序

刘致学

阿伟出身贫寒,依靠自己不断地学习和努力,在商业领域逐渐取得了不菲的成绩,但他始终保持着一颗积极、进取的心态,在其长期实践的商业和经济领域里做中学、学中做,不断地修正与完善自己,向着自己心中的理想铿锵前行。很多创业者和成功的人,看待未来的方法一种是"追求理想,顺便赚钱",还有一种是"追求金钱,顺便谈谈理想"。阿伟无疑属于前者。

在我印象里,阿伟和阳光下行走的人一样,经历了外出求学、工作、转行、创业等各个人生阶段。所见所历、所感所悟,于多数人讲,应没什么异样。虽他早年有一些贫苦经历,但在这风起云涌弄潮的改革时代,其经历也只能算平凡的大多数。然而,这样一个人,突然有一天,拿出了《自然而然的生长》这本书,是他对于人类社会发展的思索。我认真为这本书作了一篇序言——《淮河岸边的行走与思索》。我在序言中介绍了与阿伟的相识相知,也对他的思想进行了梳理。我们都是黄淮土地上生长的农家子弟,至今仍然在这片土地上生活、打拼。这方土地,就是我们立足的地、附着的魂、永远的根。

《自然而然的生长》的出版好像还是昨天的事,阿伟又埋头著述,并拿出了《经济的脚步》这本书,确又令我惊异。阿伟说,《经济的脚步》是对《自然而然的生长》的经济解释,在他的计划里,还要有政治的和社会治理方面的解释,这样才构成一个相对完整的体系,才能解开人类社会何以为自然而然的生长的认识。

翻开此书,下意识中让我想起英国小说家艾伦·西利托的作品《孤独的长跑者》,脑际里呈现出这样一个颇有意味的画面:一个人奔跑在生命跑道上,他一边玩命奔跑,一边又不停对外诉说着自己的思考。我认为这本书即是阿伟先生奔跑在当今中国经济社会跑道上,以朴素的个体感悟、体验实践为基础,以小博大,以微显著,力图全视角全景式关注人类经济社会的发展脉络。

在社会飞速发展的今天,经济与我们每一个人的生活都息息相关,大量的经济学术语每天都会扑面而来。正如诺贝尔经济学奖获得者、著名经济学家萨缪尔森说的:"学经济学并非能让你变成天才,但如果不学经济学,命运就很可能会与你格格不入。"读懂经济学,它将帮助你更好地理解身处的这个社会,帮助你在生活和工作中更好地做出正确的抉择。

《经济的脚步》这本书读下来还是有一定的难度的。虽然其出发点是《自然而然地生长》关于人类发展思想的经济解释,但由于阿伟论述的体系清晰、思想明确、脉络通畅,作为独立著作仍然有极大的价值。并且,就像我在《淮河岸边的行走与思索》里说到的,阿伟是淮河的儿子。淮河是他生活的故里,人生的原点,事业的起点,精神的故乡。因此,他的著述都是从这条河流出发,他的思想脉络也如这大地的沟壑,其论证起于这片土地上熟悉的生活,言语平易,其推理不离日常的经验,趣味盎然,其目标在于对人的关怀,大爱悲心。

作为经济解释,自然要解释经济。这是无法逃避的问题,也是令无数经济学家争论不休的问题。阿伟举重若轻,他认真分析了引起经济的物质需求、人的物质层次、经济的构成因素、各因素之间的关系及其作用原理五个方面,梳理了各经济学派别的主张之后,大胆提出了"经济就是人类关于物质的问题"这个定义。阿伟的定义并不空疏,因为他是从经济在不同的历史阶段表现出来的不同方式中得出的。尤其关键的是,他所关注的不同历史阶段,是超脱了以往的经济学家的视野的。为什么这样说,阿伟在书中也多次述及,以往的经济学家的视野是受限的,其受限的表现形式很多,但核心在于对历史的截取和只有匮乏经济的经验。阿伟就突破了这种束缚,从全部的历史和全部的人类经验来看待经济问题,也就决定了对于经济的定义。我觉得,这正是阿伟思想的大处。也因此,阿伟对于以往的经济学家、经济学派给予了一定的批判,指出了其谬失甚至是错误之处。尤其是对于"市场是资源配置的最好方式"这个论断的批驳,非常发人深思。资源是关系到人的生存的物质基础,市场配置是有门槛的。对于还未达到这个门槛的人来说,其配置方式显然不能按市场要求来做,这不仅是市场的外部性和局限性了,而是根本的视角问题。这里就有一个"前市场"配置方式,阿伟说,可以直接掠夺。同时,当财富积累到一定的程度之后,市场的调节,又造成精英能力的浪费。如果我没有误解的话,阿伟想说的是,在资源匮乏期,是交换还是掠夺,从个人需求的满足上来说,掠夺或偷窃,显然更有效,而在资源富足期,是交换还是分配,从社会需求方面说,分配显然更能实现人的自我满足。

阿伟虽有这种宏大的视角,同时也有切近的立足。他在论述时始终不离人的需求,本书也就从个体的生存方式着眼,关注个体的物质获取方式,展开观察和研究经济的思路。甚至到篇末,阿伟也再次强调本

经济的脚步——对《自然而然地生长》的补充解释之一

书的核心内容就是个体的物质获取方式是一个社会阶段经济运行和发展的核心力量。当然,这正是基于《自然而然地生长》一书关注个体命运的思路,他反复强调个体的努力是推动人类社会发展的原动力。

这正是阿伟能出博返约的深厚思想功力所在。从这里还可以看出,阿伟是深得了辩证思维的三昧。我们知道,马克思正是从商品这个概念出发,对全部资本主义经济展开了演绎,成就了《资本论》这本巨著。阿伟从人的需求出发,围绕个体获取物质方式在经济运行中的表现和出现的问题,深刻把握人与自然资源、经济中人与人的关系,抓住两个关键,技术与社会制度。并以这两个关键在不同时期不同条件下相互作用,演绎出不同的经济运行方式,由此得出两个基本观点,经济发展的阶段观点和生态体系观点。正是这样一个过程,他作了一个形象的类比,把一个社会的经济运行方式按照自己的发展规律,萌芽、兴起、成熟和衰落,诞生新的经济运行方式,这样的周而复始,就像一个人迈动两条腿不断的行走,走出一条人类经济的发展之路,直至达到更加美好的未来。

而于这过程中,阿伟拈出的重要概念就是交换和分配。从全书的比例来看,对于交换的论述是最多的,分析了交换产生的条件,交换经济发展的动因,市场的边界,交换的发展历程,交换的实现过程,交换价格,交换的作用,市场经济发展模式,发展的困境以及其他形式的交换。阿伟于此处多费笔墨,实是良苦用心,在于廓人心目,破除庸知俗见,因此,对于以往的经济研究的偏颇之处也就做了不少批判。这些批判不乏深刻的洞见,有时令人大吃一惊,叹为仅见。不管这些批判最终是否得到认可,但其启人心智、发人深思、促人求索之功,却是极其难得的。其中涉及了经济学各种概念、理论、思潮,展现了阿伟深厚的学识。作为一篇序言,当然不能越俎代庖,一一略述,有心之人,自当能通读全书,自有体会。

如果说在交换部分,阿伟着力在破,那么,在分配这个问题上,其着力就在于立了。而这一立,确实振聋发聩。阿伟指出,交换是市场经济的核心机制,资本主义社会也是基于交换机制诞生的社会制度。但是,分配作为个体实现自身需求的方式,实在是被长期忽视了。细究起来,分配是直接作用于人的需求的办法,显然是更优质的机制。如果交换是在人类财富匮乏期,在社会制度制约下的被动选择的话。现在,由于技术的进步,人类社会即将进入富足期,正是需要我们认真思考分配这个机制的最佳时期了。遗憾的是,大多数的经济学家(我不敢说全部的),都受限在匮乏经济的视野里,还在市场、制度等交换主导的经济里打转儿,不能从根子上转变。虽然福利经济学和分配经济学也关注分配机制,但因其从属于传统经济学,并没有提到应有的地位,得到足够的重视。

阿伟从分配经济的萌芽期、发展期、过渡期、主导期和价值期,不仅梳理了分配经济的历史,而且展望了分配经济的未来。论述内容虽然不多,但其见识却不凡,不过分地说,这将开启分配经济学新的春天。如其论述,直接将导致一些理论的失效,比如充分就业理论,税收调节理论,就直接失去了意义。阿伟的论述也让我掩卷深思,中国在经历了十年动乱之后,引入了市场经济,实行改革开放。从三十多年的发展看,是成功的,解决了十亿人的温饱问题,让中国富起来、强起来。这种实践让我们断然否定了分配经济。但深思起来,在特定历史阶段,分配的难以公平实现是不可避免的,但因为一个阶段的不能实现,而彻底否定一种有效的分配方式,是不是有点把脏水和孩子一起倒掉的嫌疑?

也就从交换与分配的比较出发，阿伟认真思考了资本主义社会与社会主义社会的本质区别。他说，资本主义社会与社会主义社会最本质的区别不应当首先是所有制的区别，而应当首先是生产水平的区别，其次是个体获取物质方式的区别，然后才是所有制的区别，并且认为所有制作为依附在个体获取物质方式。这是个光彩夺目的见解，而且也经得起思考。资本主义也有公共资源，社会主义也必须支持一定形式的所有权，如果把所有制当作两种社会形态的核心区别，一定会引发质疑。前些年随着经济的发展，各种社会思潮跟进所出现的质疑声言犹在耳啊。所有制不同，并不能保证人民获得感。而保证人民获得感，也许正在于建立全面的分配方式。

但阿伟并不止于此，他还论证了分配经济的实现形式，在一定时期内，要有交换的补充，甚至到了分配经济实现的主导期和价值期，还要保持对低级需求和高级需求的区分，以不同的方式给予社会激励。对于分配经济的实现，阿伟是乐观的，他认为我们有着分配经济的经历，也就有着先天的制度优势。他特别提出十九大报告中关于当前社会主要矛盾的转变，这个伟大的判断，正意味着中国来到了交换经济的发展机制向分配经济发展机制的转变期，只是要妥当处理好转变期的具体办法和制度细节。

阿伟对中国的未来充满信心。我也是。我还对阿伟的这本书充满信心，也许，它会伴随新时代中国特色社会主义，开启经济学进入分配时代。

是为序。

前　言

由于《自然而然地生长》(河南文艺出版社,2017年6月版)侧重于社会学内容,内容十分庞杂,而且不易论述明白,所以该书在涉及政治、经济和社会治理三个方面的内容,只是做了必要的论述,没有进行详细的论述,因为如果把这三个方面的内容都展开来写,就必然会冲淡该书的主题,而且让人更不易理清该书的思路,读起来更是艰涩难懂,而且书也会很长,那更不会有人去读了,所以为了突出该书的主题,这三个方面都是略写的。

但是,如果不对三个方面的问题做出详细的论述,那么只看《自然而然地生长》就只能够理解人类发展的思路,而对为什么会是这样、如何成为这样等问题就显得难以理解,也对《自然而然地生长》一书的理解不够通透。所以在清闲下来的时候,我便开始分别对书中涉及的政治、经济和社会治理的内容逐一进行详细的论述,算是对《自然而然地生长》的补充吧。由于对经济比较熟悉,就先完成经济方面的解释。其他放在后面,等把这三个方面全完成了,那么和《自然而然地生长》一起阅读就可以从这三个方面的变化来理解人类社会的发展与变化,这样就能够更为全面透彻地理解《自然而然地生长》的有关论述了,那么《自然而然地生长》一书中关于人类社会是如何发展的论断,也才算是可以自成一家之言了。

目　录

序　→1
前言　→1

引子　→001
一　关于经济和经济学　→003
二　研究的思路和方法　→012
三　本书的要点　→019
四　三个基本问题　→024
　　（一）人类的需求问题　→024
　　（二）需求的实现方式　→029
　　（三）需求的实现情况对后续需求的影响　→040
五　市场经济　→044
　　（一）交换产生的条件　→044
　　（二）交换经济发展的动因　→047
　　（三）关于市场　→053
　　（四）交换的发展历程　→062

（五）如何才能实现成交 →074

（六）成交的价格 →080

（七）交换的作用 →098

（八）市场经济发展的模式 →114

（九）交换经济的困境 →133

（十）其他形式的交换 →136

六　影响交换的其他因素 →144

（一）人口与就业 →144

（二）自然资源 →154

（三）货币 →156

（四）商品与资产 →172

（五）贸易 →177

七　分配经济 →186

（一）萌芽期 →187

（二）发展期 →188

（三）过渡期 →189

（四）主导期 →196

（五）价值期 →205

后记 →207

引　子

我的故乡在淮河岸边,那是淮河岸边的一个小小的码头。小时候记得天还没有亮,三乡五里来赶集市的人们,或乘河里的小船,或推车、挑担,从四面八方赶到这个码头,在这里买鸡卖鱼,贩米兑糠,人们开始了买卖,在太阳升到一树高的时候,这个集市就散了。这个集市每两天进行一次,无论风霜雪雨。

这个童年的记忆,在我后来的经商实践和商业理论学习的过程中,常常浮现出来,以此引发关于市场交换、货币、行业差别的思考,尤其对"市场是有限的"感触较深;在不断地思考和学习中,把对经济的思考,重点逐步变成了探讨什么是经济、经济运行的模式以及经济是如何发展的,时间久了,产生一些新的想法,也就成了这本小书。

一 关于经济和经济学

借用哲学的定义方式,经济学就是研究关于经济的学问。

经济是什么,或者说什么是经济,是每一个讨论或研究经济问题的人都必须而且首先要回答的,并应该弄清的问题,尤其对于要写有关经济著作的人来说更是无法回避的问题。对于这个问题的回答,就如同哲学中回答你是什么样的世界观一样重要,对这个问题的回答反映了你对经济的本质的看法,是你对经济总的看法和理解,是一个人经济思想的核心内容,并由此决定一个经济理论的前途和命运。

以往的经济学无论是效用的观点,还是重农与重商主义,这些经济学恰恰不提社会制度,这个情况说明以往的经济学是把经济列为物质的范畴,即使后来的政治经济学、制度经济学等学派提到了有关社会制度的内容,也同样不改变它们认为经济是物质范畴的内容,这些学派无非是发现经济的发展或者运行离不开社会制度,或者说受到社会制度的影响,这样的观点没有改变经济是物质范畴的意思。本书认同并遵循经济是物质范畴的观点。

为了进一步弄清经济是属于物质范畴的这个性质,第一,我们要弄清经济是什么引起的。经济是因人的物质需求而引起的,没有人类对物质的需求就不会有经济一说。

第二,经济是属于人类在物质层次上的问题。这种说法会让很多人不认同,因为:

(1)在许多的历史阶段上,人类的物质需求并没有直接表现出是物质需求的问题,如在原始社会人类的物质问题直接表现为人类改造利用自然的能力上,那时当人类的头领是个苦差事,既要在改造自然的能力上过人,还得在实际劳作中领先,而且还要处理公众事务,组织和带领大家抵御外来的侵略。古代的禅让制就是明证。这时社会个体的物质需求的实现完全被人类改造自然的能力所掩盖。在奴隶社会人类个体的物质需求问题表现为个体的社会地位问题。在奴隶社会只有解决了个体的社会地位问题,才可以解决物质需求的问题,无论是奴隶还是奴隶主,不解决个体的地位问题就没有资格去直接获取物质。物质需求的问题被争取社会个体社会地位的问题所涵盖,在现实的社会中个体的物质需求根本无法直接触及。在封建社会的大部分时期,个体的物质需求也被个体的社会地位问题所涵盖,只是在封建社会的后期个体的物质需求问题才可以以交换的方式在社会的层面直接表现出来。资本主义社会倒是能够把人类个体的物质需求通过彼此交换表现得更为直接和简单。

(2)非物质的需求也表现出同时代经济物质需求所具有的性质和形式。如人类的文化娱乐、教育以及医疗等需求的实现和同时代物质需求的实现形式是相同的,这是因为不同历史阶段的社会制度和经济制度对人类行为的制约。这种制度把人类的非物质需求的实现方式从属于或混同于物质需求的实现方式一样,否则,人类的这些需求就无法实现,起码在当时不这样来实现是不合法的,所以这些需求的实现具有了同样的经济性质和运行方式,这容易使人把这些需求理解为经济的组成部分。但不知只要社会制度变化了,这些需求的实现方式也就变化了,不再表现为物质需求的特征,而物质需求却是永不会变的。如封建社会的等级制度,使得物质需求的满足依靠个体社会地位的改变,而个体的兴趣、职业、特长等也被迫等级化,如在中国就有"上九流"和"下九流"的职业之说,"万般皆下品,唯有读书高",从全世界那个时期的墓葬文化中都可以反映出那时整个社会把所有事情都地位化,包括一排人的站位、一群人的讲话等都是有等级的,这样的文化对现在的人类以及以后的人类同样还有影响。资本主义社会交换制度的确立,同样使社会的所有事物都商业化,无论是个体的兴趣、特长,比如一个人对绘画或音乐有着过人的天赋,但对不起,这样的超人才华必须变成能够同别人交换,以获得生产所需的财富,否则,有再杰出的才华也会被饿死的。实际在历史上许多才华横溢的杰出人才却不能够好好地生活,如梵·高。彼此交换才能够生存的这种制度把现实社会中一切事物都商业化了,使那些本不属于人类物质需求的东西也都物质化,而成为商业中一个领域,从而成为市场经济的构成部分。但实际这些是被制度强制的结果,而非本质如此。如果人类的社会制度改变了,那么这些以物质需求面目出现的需求也跟着改变了,不再表现为物质需求了。虽然所有的精神产品都必须有客观的物来承载,就像所有的效用都必须存在于具体物质之内一样,如文字、歌声、图画,这些都是客观存在的物品,而它们的组合表达了人的意愿、情感或思想,所有精神产品首先必须是客观地存在于其他物品中,以此作为载体来表达人的精神或思想而且还必须能够被客观独立地表达出来,和人类使用的房子、汽车是一样的,人类在拥有这个具体的物的同时才能利用其效用,但其效用满足人的需求不同,这些客观物体带来的效用满足的不是人类的物质需求。所以这些产品我们不把它列入人的物质需求中，它不具有满足人类物质需求的本质，但在现实的经济中却可以列入构成部分。就像人的唱歌这个特长一样，在原始社会中纯粹是个人特长和心情的表达，在奴隶社会完全是个人爱好，在封建社会是个低贱的职业，在资本主义是个商业项目。这种情况使得我们在讨论经济时受到干扰，使得我们无法认清经济就是人类对物质需求的本质关系。尤其是在交换机制下使得一切都必须商业化，而且这样不得不商业化的项目在运转上也和真正的经济运行没有任何差别，并被认为是经济的构成。所以要把经济说成是人类物质层次的问题，就必须首先把这两个问题说清楚。

第三，我们要搞清其构成的因素。经济是人类与物质之间的关系，沿着这个方向，我们可以找到经济的构成因素。这个关系就自然而然地会涉及人、自然资源这两个因素；并进一步延伸至物质的产出和消费问题，而产出问题就涉及技术和自然资源的归属问题，这些问题有自然引出政治和经济制度的问题；消费必然涉及分配，如何分配当然是人与人之间的关系，就必然涉及社会的政治和经济制度，尤其是产权制度，所以这两个问题引出自然资源、社会制度都是影响经济的构成因素。当然围绕人类这个群体的物质满足而涉及的因素都是经济的构成要素，包括不同经济制度下出现的工具，如交换制度下的货币、衍生的金融工具等都是经济的构成要素。

第四，我们要搞清各个因素之间的关系。以上各个因素都对经济起到作用，只不过是不同的时期，不同的因素起的作用不同而已，这些因素又是相互影响和相互作用的，是此消彼长的关系。不同时期各个因素的相互关系因在具体的环境中而定，其他各个因素之间大体的相互关系已经在其他论述中表明了，此处不再详论了。

第五,作用原理。各个因素之间的作用原理无法统一来说,只能结合不同的历史时期的技术、政治和经济制度来具体分析。就像一块土地,在原始社会,人们在上面追逐动物和采摘果实;在奴隶社会,就有人把这块土地圈起来,捉了几个奴隶在里面,只为他自己追逐动物和采摘果实;在封建社会则是把这块土地围起来,分成几块给几个人使用,由这几个人在土地上组织人追逐动物、采摘果实和耕种庄稼,然后等着这些人来给自己进献物品;在资本主义社会里,把这个土地围起来,然后分出不同用途和不同大小的地块卖给那些能够利用这些地块的人,这些人在自己买的地块上,养殖动物,耕种庄稼,开采矿产,办工厂,建城市,然后向这些人收取税收。土地还是那块土地,人还是一样的人,所以自然和人的需求亘古不变,只是因为技术不同,政治和经济制度不同,而导致人类个体生产和获取物质的方式不同,从而导致社会的经济形态截然不同,其实质就是这些因素在不同的技术和政治经济制度的作用下,其作用的原理发生了变化。这就如同水在液态和气态不同的情况下,其利用的方式不同,作用的原理不同,而导致做出的功也不同一样的道理。

所以要想研究经济必须从以上五个方面来研究和考察经济属于物质的特性,这样才能够把经济研究得全面和彻底。解决了以上五个问题我们才可以对经济下一个定义。

什么是经济?要回答这个问题其实真的很难。因为如果从现实和具体问题的角度,我们可以认为经济是人的生理需求与满足之间的互动关系的总和。但从更长远的一些观点来看,经济又是人类自身的生理需求与社会发展的关系,它反映了因人类的需求而产生的努力是如何导致社会进步和发展的,具体体现在人类的生产技术水平的高低上。

如此,我们又可以从本质上看,经济又是人类和自然的关系,反映的是人类利用自然和改造自然的能力。

若按第一层意思定义,则容易让我们过于沉溺于具体的问题和现实状况,很难形成一个统一的经济学概念,人们会就各自发现的具体问题而提出经济学观点,这样就过于具体化,而没有一定的理论高度来概括和归纳经济问题,使得经济学变成了盲人摸象。以往的经济学就是这样,都是在具体问题上下了很大的功夫,不但导致经济学不能成为一个完整的理论体系,而且所提出的理论越来越短视和短效。以此类内容为定义的经济,其导致的结果就是过于重视现实问题,而且重视现实社会的产出和分配,并由此重视现实社会的物质和财富能否顺畅地流动,他们研究的原因和关心的目的也是让现实社会的经济能够得到良好的运转。但这样的经济定义非常容易忽略经济与社会制度和技术的关系,更看不到经济与社会发展的关系。

如果按第二层意思定义,则可以让我们用一个全人类发展的角度来看待经济,比较容易弄清不同人类历史阶段的经济发展的原因和状况,可以从更大、更全的角度看待经济。但这样的定义容易让人忽略具体问题的研究,而使具体的现实问题变得模糊,那么会使经济学变成社会学或政治学。

如果按第三层意思定义,就让人感到经济的味道很少,完全像社会学的定义。

但经济的定义如果不包含这样的三层意思,那么经济学的研究是不全面的,也无法指导经济的发展,甚至很容易让经济学走进误区。如亚当·斯密把交换理解为人类的天性,从而认定交换就是人类最合理的经济模式。其实不然,交换经济只是人类经济发展历史上的一个小的阶段而已。这种理论严重制约了人们对经济发展形势的判断,更无法帮助人们应对经济发展中的问题,目前人类社会就是受到这样理论的制约。

历史上的经济学对经济的定义也是不断变化的。古希腊的经济含义是家庭的生产管理,我们联系当时的社会状况,由于社会财富都归奴隶主所有,所以家庭的生产管理的经济含义,实际类似我们现代的生产管理的内容。后来提出政治经济学,实际是经济学发展到这个时候,人们感到经济不仅仅是物质的生产与管理,还与政治制度有着密切的关系。后来发展的产权经济学、制度经济学、福利经济学、创新经济学、发展经济学,包括重农主义和重商主义的理论派系等这些经济学理论和派别对经济的看法都是在探索和发展自身理论的过程中,看到在经济的发展过程中,发现经济的发展和这些因素有关,而提出的所谓产权经济学、制度经济学等。这些在探索经济的发展过程中遇到什么,就提出什么经济学的做法,却是只见树木不见树林,都没有全面和准确地理解经济,有其作用,但也没有过大的前途,都局限在某个因素上。这即导致理论的短效,也说明了在经济的发展过程中,不同的因素对其影响是变化的,不同的因素轮番成为不同经济发展阶段的主要影响因素,这也恰恰说明了经济的发展是个生态体系的繁荣,而非单一物质的生长。

什么是经济之于经济学,就如同哲学中你有什么样的世界观一样重要,并由此决定了你属于那个经济派别,它同时是你建立经济理论大厦的第一块基石,而且不论你的大厦是用什么样的材料建成,但这块基石是首先而且必需的。每一个经济学人,或者从事经济工作的人,如果想要做好经济工作,他必须首先回答或者弄清自己对这个问题的理解,这样他在经济研究或工作中才会有明确的方向。

经济的脚步——对《自然而然地生长》的补充解释之一

以对经济的定义为标准,我们可以将以往的经济学理论分为三个大的派别:①物质派,认为经济就是物质的丰富和财富的积累,与人类自身无关,重商主义认为货币就是财富本身,即效用论的经济学家;②劳动派,认为经济就是人类自身劳动创造的,劳动价值派;③物质与劳动互动派,如政治经济学。

我们可以根据每一个经济理论在经济发展运行方式上的主张,再进一步把经济理论细分,可以分为不同派别的分支,如发展经济学就可以归为劳动派的技术分支。如此,我们可以把经济学构建成一个理论体系。

由于以往没有人提出一个划分经济学派别的依据,所以才会造成目前经济学说构不成一个完整的体系,把以往的理论放在一起就像一堆砖头,而且是杂乱无章地堆放在那里。所以本书基于此提出一个建立经济学体系的标准,以利于经济学的健康发展,但本书的目的不是划分经济学的派别和建立经济学的体系,这些留给有兴趣的人去做,本书的主要目的是以此为标准表达自己的经济学观点,这样能够让人更好更准确地理解,同时重点是要表达自己对经济的理解和对经济发展的看法。

经济就是人类关于物质的问题,那么人类从诞生到灭亡都离不开经济,只不过不同的历史阶段其表现出来的方式不同。人类从诞生至今一直没有摆脱物质对人类的羁绊,对物质的需求一直是人类努力的原因,也是推动人类进步的动力;但在人类发展到了社会主义阶段后,人类就可以摆脱物质需求对人类的羁绊,人类不再以物质需求为发展的动力,取而代之的是人类的价值需求,即实现个体的人生价值需求是推动人类进步的力量,物质的需求已经不需要个体的努力就能够满足了,人类的发展进入了下一个动力的发展阶段,那么尽管人类还有物质需求,但人类的经济发展问题已经退后了,成为一个非常次要的问题,人类的经济时代也就结束了,最多还有的是在智能技术下的高度的集约化的生产管理和组织而已。

二 研究的思路和方法

1. 基于《自然而然地生长》关注个体命运的思路,本书从关注个体的生存方式着眼,自然会关注到个体的物质获取方式,对个体获取物质方式的关注给本书打开了一个观察和研究研究经济的思路。以此开始我们向前探索,可以看到更前沿的东西,可以看到物质是为何和如何流动,钱是为何和如何流动的以及经济现实中出现的各种情况,这些我们都可以基于个体获取物质的方式上去思考及寻找原因和答案。以个体合法的物质获取方式来观察经济,如同我们看到的蚂蚁搬家一样,每一个个体都在用这合法的方式忙着搬进搬出,对于稀缺物质的抢夺和对于过剩或过期物质的抛弃,就形成了经济过热和萧条。由此我们可以看出个体的物质获取方式是决定现实经济发生变化的根本原因和力量,现实中的物流、钱流以及经济的其他现象都与这个因素息息相关。

同时在现实经济出现问题时我们也可以向后观察,观察个体获取物质方式产生的原因,以此我们向下递推,可以得到个体的物质获取方式是由法律制度直接决定,而法律制度是由一个时期的政治制度决定的,所以制约一个时期的经济的最高效力的决定因素是政治制度。当然在一个时期内既定的政治制度条件下,个体获取物质的具体运行还需要相应的制度来保证能够正常运行,如在交换制度下,为保证交换的正常运行,除了法律以外,还必须制定保证交换的产权和交易制度,以保证交换的良好运行。这样为保证个体获取制度能够顺利运行而衍生的制度,其实就是经济制度,主要包括产权等内容的制度。因此,一个时期的经济运行核心是个体的物质获取方式,决定这种方式的是政治和法律,保证其运行的是经济制度。所以现实中的经济出现的问题都应该是这些制度或个体获取物质的方式上出现了问题,我们应当基于这样的运行原理来寻求解决方案。

所以个体的物质获取方式是研究经济的关键环节,由此不断地延伸涉及经济的各个因素,那么我们就可以弄清经济的整个相关因素及其作用,并可以弄清这些因素相互转化的原理,从而彻底弄清经济的本质和全貌。

个体在物质的获取过程中会推动社会生产技术的进步,技术的进步可以改变社会物质的供给情况,那么个体获取物质的难易程度就会改变,因此个体对物质的需求会升级,而且获取物质的方式也会因此而发生改变。如在石器时代的原始社会,个体的物质获取是共享;在金属工具的奴隶和封建时代,个体物质的获得靠掠夺和地位;在动力机械时代的市场经济,个体靠彼此交换所有而生存;在动力+智能机械的时代,人类基本可以摆脱物质的羁绊。这种改变自然就影响了一个时期的政治基础,所以政治必须适应这样的变化做出调整,那么一个新政治制度下的经济时代便开始了。人类的经济就是这样因个体的努力而不断变化发展着。这就是本书研究经济的思路。

2.经济研究的具体方法很多,有数量的、计量的等,本书对经济研究的方法从总的方法来说就是要对具体问题和现象进行具体研究,然后再在经济的基本原理和经济的历史阶段下来审视具体问题或现象,由此得出的结论,再对结论进行修正。

在对具体问题研究的时候要做到心有全局,在此基础上再对具体问题进行细究。这就像一个医生给人看病一样,在不知什么病的情况下,首先要了解这个人的年龄、身体状况及以往的病史,然后再了解现在出现的病情。如果不问以前的情况直接去就病论病,无疑是瞎子摸象。

经济学必须研究具体问题。如果不研究现实的具体问题和情况,那是无法提出观点和意见的,即使提出也是空想的产物。所以人类历史上出现的经济学都是对具体问题的研究而提出来的,都有着积极意义和起到过良好作用的,是所有经济学人对人类社会做出的贡献。

但仅仅专注具体问题的研究是不够的,那会只见树木不见树林。在研究具体问题的同时,还要关注经济的基本原理和所处的历史阶段。对于不同的具体问题,我们要把它们放到经济的历史阶段上来加以研究,这样才能够准确地把握问题的性质和实质。所以在对具体问题研究的时候要做到心有全局,在此基础上再对具体问题进行细究。

虽然同是人类的物质需求,由于技术的不同,社会制度的不同,个体获得物质的方法也就不同,那么社会经济的运行方式就必然不同,只有结合这样的状况才能够准确把握人类经济的具体问题。

对于具体问题的研究,我们首先要从个体获取物质的方式入手,用个体获取物质方式的观点来审视现实经济的问题和现象。如交换机制下的经济过热或萧条,我们就可以从个体获得物质方式这个角度来研究为什么会出现过热或萧条,是什么因素影响了个体对物质的获得从而引起经济的过热或萧条,这样才能够从根本上解决经济过热或萧条的问题。

二 研究的思路和方法

围绕个体获取物质方式在经济中运行出现的情况和问题,我们可以从两个方向做不断的延伸研究。一个是从人的角度来研究,一个是从物的角度来研究。

一方面,研究经济问题要沿着人的方向延伸,这是因为:

(1)经济的起点是人的需求,没有人的需求一切经济都不可能启动。秦始皇墓里的那么多兵马俑和埃及金字塔里的王公贵族几千年了,除了被腐蚀外,一点儿的变化都不会发生。而存活的人类却从刀耕火种发展到现在的航空航天时代,因为那些没有生命的东西无法产生需求,没有需求一切都无法流动和变化,除了自然的自生自灭,更不会有任何发展。

(2)经济的运行就是人的一次次需求的产生和得到满足的实现过程,一个人的一次需求的产生和得到满足的循环过程就完成了一次经济运行,一个人一天的需求产生和得到满足的循环过程,一年的需求产生和得到满足的循环过程,直至一生的这样循环,就构成了他不同时期的经济运行的全程,社会上众多的个人或机构的需求的产生和得到满足的过程就构成了一个社会的经济运行全景图。人类社会一代代人的需求产生和得到满足的过程就构成了人类经济的波澜壮阔的经济海洋,每一个人的需求和得到满足的努力都是这海洋里的一个小小的泡沫,而且只是一次完整的经济循环。

(3)经济的全程是人类的活动。人类的经济其实也是围绕物质生产、消费、分配等进行的全部活动而构成的,无论是物质的消费,还是物质的产出,都必须有人活动的参与其间。

另一个方面,研究经济要从物的方向延伸,因为只有物质才能够满足人类需求。离开物质,人类的经济就无从谈起。但物质对于人类经

经济的脚步——对《自然而然地生长》的补充解释之一

济就两个问题。一个是产出的问题,一个是分配的问题。因为人类不仅仅是一个人的存在,而且是一群人的存在,所以对于一个人存在的人类而言就只有产出问题,而对于一群人存在的人类就多出一个分配的问题。因此,围绕物而形成的经济问题就是产出和分配问题。

对于产出的问题,我们就必须研究人与自然的关系。影响产出的因素,一是自然资源的差别,包括资源的种类、区域分布、质量等不同。这是人们相互之间发生合作、争夺、交换的原因,包括有些战争也是由于资源的差别引起的;二是技术,这是在同等资源条件下决定产出的一个重要因素。

对于分配问题,就必须研究人与人之间的关系。这是社会制度的问题,一要研究政治制度,就是一个社会中占主导地位的人群如何维护自身的利益,如奴隶社会规定一切归奴隶主所有,通过战争或其他方式掠的人归奴隶主所有,是其奴隶,这样对奴隶来说你无法超越自身的社会地位,想过个自给自足的自由的生活那就是天方夜谭;二是统治阶级为维护社会秩序的法律,尤其是刑法,决定了社会大众的行为选择,也是决定了社会大众维护和获取自己利益的行为选择依据。这为全社会的经济行为限定了行为范围。如禁止相互掠夺和偷盗,那么相互交换便成了社会经济的行为选择,而导致市场经济的兴起和发展。

把经济问题看成是人类为自身满足需求而不得不进行的一系列活动,并由此活动导致人类个体、群体和社会发生变化的互动关系,那么起码要研究和解决以下三个问题。人类的需求、如何实现需求以及目前需求实现的情况对后续经济行为产生的影响。人类的经济学当且仅当研究这三问题,而且是不断重复地观察和研究这三个问题,这才是关于人类经济的核心内容,其他经济问题都是围绕着这三个问题的存在

二 研究的思路和方法

而存在,围绕着这三个问题的解决而变化,这三个问题决定了人类其他所有的经济问题和现象。所以我们要紧紧围绕这三个问题来展开研究,而不能就产品的畅销与滞销、就业的充分与不充分来研究经济问题,我们要把这些现象引入这三个问题的层次上来考察和解决,那么我们才能够得出人类经济发展问题的正确答案。

对这三个问题的研究和解决一定要依据人类自身的生理特性来完成,这样才能够保证人类经济问题不会走到岔道上。对经济问题有决定性作用的人类自身的生理特性,本书认为有以下四个:第一,每个人都具有高级智能;第二,每个人都是一个完整的生物体;第三,每个人都是雌雄异体;第四,每个人都必须群居才能存在。这四个特征在《自然而然地生长》一书里有详细论述,此处不再论述。

这四个生理特征的前三个特征是关于个人的,后一个特征既关于个体,又关乎群体。所以研究经济问题的方法其实很简单,那就是既要研究一个人,又要研究一群人;既要研究一个人的需求以及如何实现,又要研究一群人的需求及如何实现,把这两方面的问题解决好了,那么人类的经济问题就好解决了。

研究经济是由人而引起的问题,最终目的还是研究人类的发展问题,就是研究人类在物质需求这个道路上是如何发展的,其最终目的就是要研究人类如何从对物质产生需求,到摆脱物质需求对人类行为的羁绊,而发展成为为自己理想而奋斗过程。

以往人类的经济学截至现在都还是对具体的经济行为和经济政策的研究,更多的是关注了现实状况和具体问题,很少有人从经济与人类发展的角度去研究。这说明我们人类的经济学还很年轻,而且没有把现实中的问题去从人类总的发展的角度去看,而拘泥于具体问题,如在

经济的脚步——对《自然而然地生长》的补充解释之一

精神产品和就业的问题上,它们理所当然地认为精神产品就是商品,是经济的一部分,人人就业也是天经地义的,现在所有的经济学好像研究的都是市场经济的内容,而且大有把市场经济当作人类所有经济发展的路径来看待。殊不知这是市场经济条件下,把交换也当成一种社会制度来实施的结果,无论你是什么人,也无论你是干什么的,你的需求必须要通过交换来满足。自身的劳动成果,无论是精神创造,还是科学发明,你都必须拿来与人交换。这是一个被迫形成的而又被广泛接受的制度。所以说经济的本质是人类物质需求的满足关系,而由于经济运行的方式,许多东西被迫进入经济运行的轨道,而成为现实经济的组成部分。所以我们研究经济既要研究具体问题,又要跳出具体的问题,站在人类发展的高度来看待经济问题,我们既要研究社会制度与经济的关系,又要研究技术与经济的关系,其次才是经济运行方式的问题。我们以往的经济学家研究的是在一定的经济运行方式下,在具体运行过程中所遇到的问题,而非全面地研究经济。而只有如此才是研究经济的正途。

三 本书的要点

本书的理论要点如下：

一是对经济的定义。本书认为经济就是人类的物质需求与需求如何实现之间互动关系的总和，而且这种互动关系推动了人类发展，提高了人类利用自然的能力。为什么这样复杂地定义，因为经济的最终目的是促进人类的进步与发展，其互动关系是一个表象和演绎的过程，而非最终的结果，不这样定义会使人局限在具体的现实状况和问题中，而忽略了经济的目的和发展过程。同时经济导致的社会发展最终要体现在人类改造和利用自然的能力上，而非仅仅是现实社会中的物质的丰富和市场的繁华，或只是社会制度发生了变化；不这样定义容易使经济走入现实社会的市场繁荣，而忽略了经济发展的实质内容。

二是两个重要的关系。物质需求能否得到满足取决于两个方面：一方面是人类自身的努力程度和能力的高低，这决定了人类能从自然界中获得多少物质；另一方面是自然界的资源状况，这决定了自然界是否能够提供必要的资源以满足人类对物质的需要。二者缺一不可。由此引出经济的第一个重要的关系，即人类与自然资源的关系。

由于人类不仅是群体的存在，而且是具体的个体存在，也就是说，物质的产出和消费都是与具体的个人相联系的，不是泛泛地讲讲需求和满足,而是要具体到每一个人如何实现他的需求和满足,所以这里就引出经济的第二个重要关系:物质如何在不同的个体之间进行分配,而物质的分配主要受社会制度的影响,社会制度主要体现的是人与人之间的关系。

这两个重要的关系是建立在对经济的上述定义的基础之上的,并且是由此引发出来的。这两个重要关系对人类经济的运行起到重要的作用,人与自然的关系决定了产出问题;而人与人的关系决定了人类的分配问题。

三是两个关键的因素。人与自然的关系决定了产出,在同等资源条件下,能够决定产出的关键因素是技术,所以这里引出了人类经济的第一个关键因素:技术。人与人的经济关系决定了社会中的每一个人如何能够获得自己所需的物质,而能否获得物质除了个人的努力外,还有个体无法控制的而又能决定其能否获得物质及其多少的社会制度,尤其是政治制度和法律制度,本书将这两个制度合称为社会制度。社会制度决定了一个人在社会中能否获得物质或者能否获得多少物质的机会,因此,对于经济而言,社会制度是另外一个关键的因素。因为社会制度决定了个体获得物质的方式和机会,那么自然也就决定了经济运行的方式,因为社会中的物质是靠广大的社会个体生产的。

所以技术和社会制度是人类经济的关键因素,二者决定了个体能否在社会中获得物质或获得多少物质。它们一个为社会个体能够获得多少物质提供物质基础,一个为个体怎样或能否获得物质提供政治和法律的保障,也即决定个体在经济中获利机会和行为选择。

四是经济的运行方式。技术水平和社会制度两个关键因素共同决定了个体的物质获得方式,从而也就决定了经济的运行方式。经济的运行方式决定了经济中的物质如何流通,物质的如何流通和个体的需求如何得到满足,两者相辅相成,构成经济的现状和发展趋势。当然这里的物质流通和平常所说的物质的流通是有区别的,它不仅包括了物质从此地到彼地的流通,也包括了物质的产生和灭失,还包括了物质归属于此人又转归属彼人的流通。物质的这些流动和变化完全是由人类的需求而定,如高山上的矿石被开采出来,然后被运到高炉内,高炉炼化后的钢材或其他物品又被运到世界各地,这些物质的流动和变化都是因不同人的不同需求而产生的,可以说物质的流动和变化完全是人的需求和欲望的流动和变化。在这个变化的过程中不同的环节就产生了不同的经济运行方式。如在交换机制下,矿山是可以通过购买得到,然后雇工人开矿,矿石卖给工厂,工厂冶炼出来的产品卖给其他的需求者,不同的需求者用这些产品制造机械或建设高楼或桥梁,等等。而在奴隶或封建的制度下,这些不同的环节的运行方式却不是这样的,而是通过武装力量夺取矿山,然后征用民工或奴隶去无偿地提供奴役或劳役来进行生产活动,然后由奴隶主或封建帝王统一安排使用这些产品,如埃及的金字塔和中国的长城都是以这样的运行模式完成的。

所以不同的制度下,个体物质需求的实现方式是靠自己劳动、交换,还是去掠夺、偷窃以及靠自己的贵族身份而获得,这些都是由政治制度和法律制度所决定的。交换也只是一种经济运行的方式,它不但决定了个体获取物质方式是如何运行,同时也决定了社会物质是如何运行,自然也就决定了经济的运行方式,所以二者的共同作用决定了一个社会的经济如何运行。

五是两个观点。

(1)经济发展的阶段观点。不同的社会制度决定了不同的经济运行方式,经济的运行方式也与社会制度是对应的,所以人类历史上的经济发展是阶段性发展的,在经济领域人类社会制度的不同是可以以经济运行方式的不同而表现出来的。在同一个阶段内,技术的进步可以改变个体获取物质的难易程度,也可以改变个体对物质需求的欲望,所以物质供给局面的变化最终会导致社会制度的变化,那么经济运行的方式自然也就跟着改变了。因此,经济的阶段是轮番改变的,那么我们考察具体的经济问题必须要以阶段的观点来看待这个问题,把问题放到具体经济阶段中才能把控具体问题,才能有利于问题的解决。

(2)生态的观点。经济是个生态的体系,而非单一生物的生长。在一个市场内一个产品或一个行业其生命的周期是不同的,有的灭失了,而有的却刚刚孕育。包括这个市场中的所有因素都是这样,在不同的经济时期里,不同的因素起到的作用不同,而且其自身的发展阶段也是不一样的。这些因素使得经济就像一个生态体系一样存在,由于每一个因素所处的生长周期不同,在同一时间内,一个因素的改变会使得其他因素产生不同的变化,就像一阵雨水过后,森林中各种生物的生长是不同的,有的会因为下雨而成熟,有的会因为下雨而发芽,有的会因为下雨而迅速生长。经济也一样,一个市场内,在货币增加的情况下,各种商品由于所处的生命周期不同,有的是衰落期,有的处于萌芽期,所以一阵货币"雨水"过后,有的商品就消失了,而有的商品却迅速增长且价格飙升。

一个经济时代市场内的其他的因素也是一样,有着自身的发展规律和生长周期,所以在一个有众多因素而且生长周期不同的市场内,多因素的自身和彼此影响的情况使得一个市场或经济在一个国家内就如同一个完整的生态体系。

三 本书的要点

　　每一个社会的经济运行方式都有自己的发展规律,都会有萌芽、兴起、成熟和衰落的过程,然后新的经济运行方式就诞生了。如此周而复始,就像一个人迈动两条腿不断地行走一样,走出一条人类经济的发展之路。而且不同的产业轮换,不同商品的更新,包括不同经济制度的变化,这些都如同经济发展脚步,一步一步地使得人类经济发展到今天,直至更为美好的未来到来。

　　这就是我把此书叫作《经济的脚步》的原因。

四 三个基本问题

对经济问题的研究主要体现在对以下三个问题如何进行深入细致地研究,这样才可以帮助我们弄通弄懂经济问题,彻底理解经济是如何发展和变化的。

(一)人类的需求问题

作为一个具有高级智慧的完整生物体及雌雄异体,对物质的需求、以性为核心的情感需求是必需的,得不到满足不是痛苦便是死亡。这是促使每一个人都必须努力地获得更多的物质或财富的原因,也是推动人类经济不断发展的原因。

由于群居的特征,人与人的交往过程中使人对自己的人生产生判断,即将自己的人生与人相比而产生是否具有意义的问题,而产生对他人人生的向往,这就是人的价值需求,是人精神方面的需求。这三种需求每一个人都同时具有。这在《自然而然地生长》有较完整的论述。

本书要重点研究在需求的实现过程中所要面临的问题,对于任何一个人的需求不是一次满足就结束了,就像一个人不是吃一顿饭就解决了人的饮食问题,也不是购一次衣服就解决了人的穿衣的需求。人一生的需求是一个连续不断的需求,是多次重复和多品种的需求,还有不断升级的更好的需求,所以人的需求也是一个多种、多次且会升级的需求体系,如图4-1。

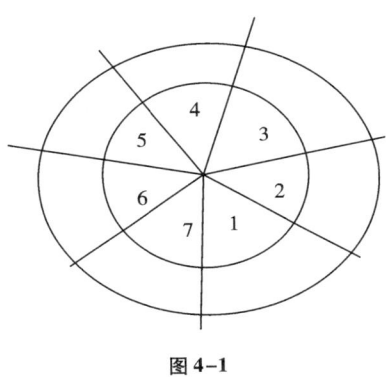

图4-1

说明:
①所有射线的核心为人的三种基本需求。
②1~7为假设三种需求中的某种需求的不同领域。
如假设1代表物质需求中的衣物或2代表价值需求中的个人成就感。
③不同的环线代表不同的等级。

这个体系由一个个独立的需求而构成,但不是满足一个需求就能够满足人的需求的,这需要有持续满足的能力和多次的满足,而且还必须有不断的升级才能完全解决人的某种需求。所以,要研究需求必须注意到以下两种情况:一是一个人的需求,还是一群人的需求。二是即时需求、后续需求,还是更好的需求。以往的经济学对需求的研究没有进行这样深入的研究和细分,导致在理论建立时不够严谨,只能对人性进行假设来完成理论的建立。

经济的脚步——对《自然而然地生长》的补充解释之一

如果单从物质这个角度来看,人类对物质需求的实现可以分为三个阶段。如图4-2:

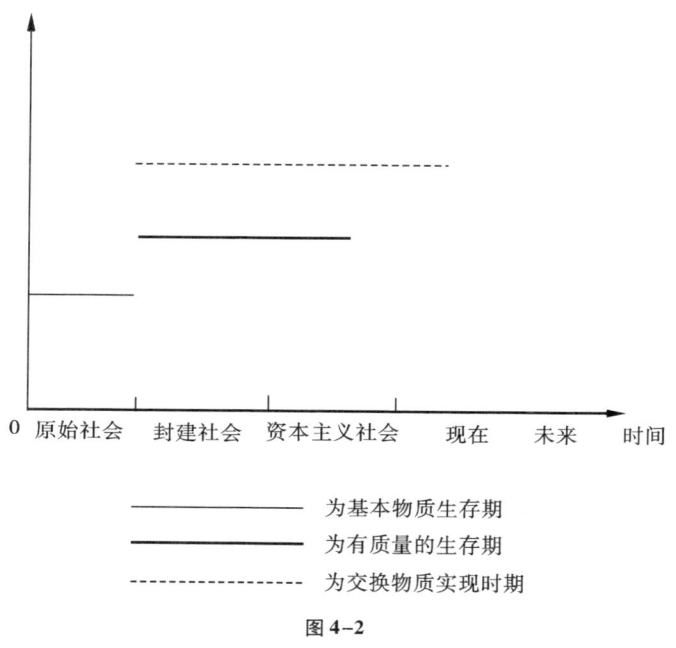

图4-2

第一,基本生存期,衣、食、住、行物质需求的基本满足。第二,有质量的生存期,衣、食、住、行物质需求的较高满足以及医疗、教育、文化和娱乐等其他需求的可能满足。第三,有价值的生存期,在第二阶段得到提高和个人事业需求可能实现,即人不但有很好的物质和较好的文化娱乐等条件,同时人们还能够自己创造自己的事业,如开办工厂、创建商品的品牌,开个自己的小店,等等。

同时,需求对人的行为选择存在着较大的影响,需求的存在在一段时间内基本引导或决定着人的行为取向。没有人可以长时间不管不顾自身的需求,而去长期从事与需求无关的活动。除非是神仙或需要什么就能够立即得到什么的皇帝,只有他们可以不顾需求而随心所欲地行事。而普通人都必须围绕着自身的需求而努力,少有能够脱离自身需求而不顾的,甚至有些人终其一生都是围绕自身需求而努力。

本书要特别强调的是对经济有着显著影响的主导需求。一个人在一段时间内的主导需求可以决定其行为选择。所谓主导需求就是指一个人在一定的时间内最突出的一个需求,而且不解决这个需求,其他任何需求都对于这个人没有多大的意义。如一个饥寒交迫的人,其主导需求就是食物的满足,一个二十岁左右的人,其这个时段的主导需求也许就是与异性的交往和认同。

一个人的财富状况、技能水平、社会地位、年龄阶段对一个人的主导需求的产生都存在着影响。而诸多因素中一个人的社会财富状况是决定其主导需求的关键因素,尽管年龄、社会地位、个人能力对人的主导需求都有影响,但在这些因素基本相同的情况下,决定一个人的主导需求是什么的关键看其掌握的社会财富状况即使掌握很大的社会权力,但在其个人消费行为选择上,也要受其能够掌控的个人财富状况决定。如同样家庭情况、同样年龄、同样工作的不同人,他们由于个人财富情况不同,那么对于面临的主导需求,其选择就会不同。简单说,就是一个人的现时财富状况是决定一个人主导需求的关键,而主导需求是决定一个人目前一段时间内努力的主要动力。一个人一段时间内的财富状况决定了一个人这段时间内的主导需求,一个人的主导需求决定了他的主要支出计划,就是一段时间内的支出主要是围绕这个主导需求的实现而进行。同样,社会也有主导需求,一个社会占大多数人的一致的主导需求就是社会的主导需求。同样,社会主导需求决定了一个社会一段时间的主要支出方向,那么这就会促使一个新的行业诞生、发展起来。同样,由于社会主导需求的变化,那么这个为满足曾经的社会的主导需求的行业也就自然没落了。社会的财富分布结构如图4-3。

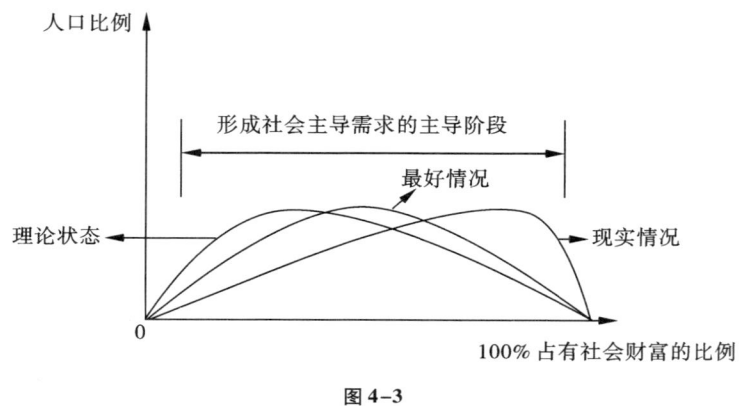

图 4-3

说明:

① 占人口60%以上的人占有社会财富60%以上的范围才会形成社会主导需求。

② 两头的财富对社会主导需求无贡献。

③ 对最穷人要扶贫,对最富人要多征税。

财富的概念在不同经济时段应该是不同的,对于交换经济时段的财富其定义应该是其掌控资源的现实购买力,而对于非交换经济时段的财富应该就是其掌握的可用资源。一个人或一个机构所掌控的资源折合成现实的购买力就是他们的财富。社会财富的分布决定社会的主导需求。

社会主导需求反映了一个社会经济的发展状况,它可以表明社会处于一个什么样的需求阶段,是物质需求阶段,还是价值需求阶段,人类从开始至今都是处于物质需求的阶段,目前正处于向价值需求转变的时期。而个体需求呈现出多种多样的情况,这使社会经济和产品呈现出多种多样的情况。

(二)需求的实现方式

可以分为群体需求的实现方式和个体需求的实现方式。如果世界是只有一个人的人类世界,那么他的所有需求都必须亲力亲为才能得到满足,讨不到半点机巧,哪怕是树上成熟的果子,他也必须去采摘才能够得到,或者是从地上拾起那些掉落的果子,这都必须他付出劳动,尽管付出的体力不大,但也必须付出这样的劳动,否则,也只能干看着,既不能享用到这些果实,也得不到满足,还必须忍受着饥饿带来的痛苦的感觉。他的需求满足的程度取决于他个人改造自然界的能力。换作群体就是生产技术水平的高度决定了人类群体的物质需求能否实现。由此可以看出,其实人类所谓经济问题就是劳动和劳动所得到的产品这两个东西,其他因素如货币等在最终的人类消费上是没有任何作用和关系的,只是在过程中起到媒介的作用。这样可以证明马克思关于商品交换的是人类劳动的理论是正确的。马克思所说的商品中凝结了人类无差别的人类劳动,充其量是个哲学判断,而非经济学的判断,因为这样的判断只能是个性质的判断,而非经济学说需要计量的判断。经济学上人类的劳动由于个人体能的差别、掌握技术的差别,劳动动机和态度的差别等因素,决定了人类没有两个人的劳动付出是完全相同

经济的脚步——对《自然而然地生长》的补充解释之一

的劳动计量。马克思要表达的意思实际应该是商品都是由人生产的,人们交换不同的商品实际是交换不同的劳动,即在商品生产过程中人类付出的劳动或说成是劳动量。这个说法涉及了人类经济问题的实质,但马克思没有把这个问题讲清楚,只是他天才的思考和判断,但具体推理过程却是缺位的。本书在以后的章节会对此问题进行一个详细的推理,能够让一般读者都明白,人类的经济就是劳动和产品的这两个基本东西。这是从宏观上讨论经济,但经济同时是个具体过程,产品的产出及是否易得是有条件和需要付出具体努力的,劳动的实现也是有条件,并非随意就可以实现就业的,这些具体的过程也十分重要,因为这些东西都不会凭空而来。都有一个具体而艰难的过程,人们都是在这个过程中实现就业及获得生存所需的物质。

如果世界有两个人存在,那么第二个人对自己的需求就可以有不同的实现方式。除了像第一个人那样亲力亲为外,可以抢夺、偷盗第一个人的劳动成果,当然也可以在亲力亲为的基础上与第一个人进行交换这些方法来实现自己的需求满足。所以对于群体中存在的个体其自身需求的实现方式是多样的。但究竟采取那种方法,这要结合当时人类发展的现实状况而定。

在人类初期,生产技术极低,每天的劳动付出还不能保证一天的生存所需,每天的所得在吃掉之后就没有任何剩余,甚至不够人们吃的,那么这时无论是个体,还是群体都必须依靠自己的劳动来实现或部分实现自身的需求,相互抢夺也是不可能的事情,因为没有多余的东西可以让你去抢夺。

技术进步后,劳动所得在满足自身的需求后还有些剩余,那么抢夺就会自然而然地发生了。相互之间的抢夺最终会导致统治秩序的建立,那么为维护统治秩序,制定禁止抢夺和偷盗的法律是再自然不过的事情。禁止抢夺和偷盗法律的实施使得彼此交换成为人们实现自身需求的合法和低代价的选择。这样人类之间相互交换来实现各自的需求的经济模式便出现了。许多经济学家,尤其是亚当·斯密把分工当作产生交换的条件,把分工当作人的天性,认为交换是人类与生俱来的一种制度,然后以此为基础来研究经济问题,可想而知其结果是多么的肤浅。显然分工是资源的客观属性决定的,不同资源的客观属性,尤其是具体物的不同的物化性质决定了一种物的生产和利用技术的独特性,从事这种物质的生产和利用的人们自然就形成了独特的技术,与其他物质的生产者相比,天然形成了社会分工;同时交换是由于法律的作用,而改变了人类的行为选择而导致的彼此交换的产生。

从以上的讨论中我们可以非常清楚地看到人类群体需求的最终实现还是靠人类自身的真实劳动,没有人类的劳动就不会有各种产品的出现,自然各种需求也就无法满足。个体需求的实现在不同的政治、法律制度下,各自有不同的实现方式。不通过自己亲自劳动而能够得到所需的产品,是建立在群体和人类生产技术进步的基础上,技术的进步使得生产效率得到提高,同样时间内可以产出更多产品,这样就使得少数人的劳动就可以满足多数人的需求,同时劳动者也有了更多的闲暇,这种闲暇为人类从事不同产品的生产的尝试或研发提供了条件。所以技术的进步不仅可以提高单一产品的数量,也为生产更多品种的产品提供了条件。

如果没有这样的条件,就不会出现通过其他方式对别人劳动成果占有的情形,人们只能各自享用自己的劳动成果,如原始社会的情形。技术的进步使得社会产能在同等资源条件下得到极大的提高,这就可

经济的脚步——对《自然而然地生长》的补充解释之一

以把许多直接从事生产的人解放出来,社会中不再需要每一个人直接从事物质的生产活动。这也为有些人可以不再通过自身直接劳动来获得自己生存所需的物质提供了基础条件。那些统治者、奴隶主、地主等都可以寄生在别人的劳动上。而随着社会的发展,市场经济成为社会的主导经济模式,随着交换在全社会范围的扩大,在一个商品的生产、销售等环节为不同的人提供了获利机会。由此看来,人类通过参与商品生产到完成销售的各个环节,在各个环节提供劳动而参与商品带来利益的分配,如一个食物链:直接生产者—相关生产者—生产经营的寄生者(食息者)—科技(教育)工作者—社会治理者—社会统治者。

由此我们很容易看到这些人得到供养的来源不同,可以分为以下几种供养来源,如:自身劳动供养、经营收入供养、食息供养、财政供养。

(1)从上我们可以看到以往的社会很多人供养是依附在商品的生产领域,从中可以看到马克思所说的剥削。

马克思在社会生产环节看到了剥削,是因为他处的时代是个物品和资本短缺的年代,商品不存在滞销的情况,关键是资本,只要有资本就可以组织生产而赚钱,而生产是由工人来完成的,但工人得到的却十分少,而资本家仅仅靠自己的资本投入就可以占有绝对的利润,马克思看到了剥削的存在也是正确的。而且当时的社会上又存在着刻意压低工资的情形。这如同奴隶主无偿占有奴隶的劳动成果一样。所以马克思主张政治革命也是正确的,通过政治革命打破这种保护剥削的政治制度也是必要的。但马克思主要是看重了生产环节,看重了生产环节里人类劳动的重要性,他看到的是没有人的劳动就无法完成产品的生产。其实他看到的是当时由于技术水平不高,社会生产对于人的体能有着严重依赖。但这种情形并不能表明人的劳动在生产中是起到关

四 三个基本问题

键作用的,只能表明当时的技术水平不高,尤其是动力机械的不足。动力机械的不足使得生产对人体能有着严重依赖,但不能够表明劳动力的供应是缺少的,而且从理论上讲越是重要的因素越不能歧视,相反而应得到重视。那时的生产尽管依赖体能,但体能的供应应该是不缺乏的。决定能否组织成社会化大规模的生产是资本而非人力。那时不是有人就能够完成生产,而是有了资本就可以完成生产。倒是当今社会条件下,技术水平高,社会资本丰富,每个人都能够很容易地成为商品生产者,但制约生产能否成为大规模的生产却是有无先进的技术和强大的品牌。

有人没有搞明白利润是怎么来的,他认为是工人生产出来的,显然这样的看法是不妥的,现代的许多生产是亏损的。在相互掠夺的时期建立起来的统治,统治者把国家视为己有,这其中的剥削是完全彻底的剥削,而交换形成的剥削依附在生产环节,且必须通过交换来实现,而且这种剥削还必须依赖被剥削者的参与,所以较之从前有了改善。由于社会的进步,近代许多国家的社会统治者并不是国家的所有者,尤其是现在的选举制度和规定任期的制度,使得国家领导人也无非是个高级的劳动从业者,他也得靠自己的劳动所得来供养自己。当然现实社会由于其权力巨大,其在位时的控制权会给其带来巨大的收益,但随着全球廉政制度的规范,这样的收益越来越不能够存在了。所以现在和以后的人类社会基本都是靠自己的劳动所得而供养自己,那么社会的公平性就越来越好。

现代物质生产变得容易,而使得物质过剩,生产出的产品不一定能实现利润,甚至出现亏损,这样的情形看似没有了剥削。其实不然,一是靠资本生息者依然存在剥削的成分。二是巨额财富的无偿继承使得

经济的脚步——对《自然而然地生长》的补充解释之一

别人无法与其进行公平的竞争,把别人先天地置于被迫付出劳动的地位,不得不接受其产品而贡献利润,这自然也是剥削。只不过剥削的环节发生了转变,方式变得更为间接了。这两种情形不改变必然会带来社会的畸形发展,如果继续发展会使得社会财富的高度集聚在极个别人的手里,加剧社会的贫富差距,直至导致经济真空,而可能引发政治危机。

(2)金融食息资本是且必须寄生在生产环节的,因为人类生存所必需的物质只有通过劳动才能够创造,所以更多更新的产品只有通过生产环节才能够完成,因此支撑经济价值体系稳定的还必须是生产环节,只有通过生产更多的物质才能够增加人类的财富。但交换的扩大会使生产环节在经济领域内的作用和地位下降,因为产品的过剩导致生产领域的利润会下降,甚至导致生产企业很难生存,能否产生利润的关键是技术和品牌。这样的经济环境对食息资本是个巨大的打击,巨额的食息资本将无从安放,以往能够带来良好利润且用款规模较大的生产企业变得不安全了,在许多国家的市场经济发展过程中都出现过这样的金融危机。生产领域出现亏损,使得食息资本的金融经营方式发生根本的变化,原来依赖企业生产对资金的需求,变成对制约生产的其他环节延伸,使业务变得小而分散了。同时生产领域的亏损也意味着以往以商品价值作为纸币金融的稳定器已经失效了,因为商品已经开始出现贬值了,由此引发的金融危机动摇了纸币的价值基础,这个金融危机使得交换经济付出很惨重的代价。为稳定纸币的价值体系不得不借助金银,但很快被证明这是错误的选择。为稳定现代金融的纸币价值体系基本为两个路线:一个是纸币的价值稳定紧紧依附资产,尤其是大众拥有的城市资产,才能够维系现代纸币金融体系的存在和安全,这是日本的路线,很快也会被证明错误的。因为这样未来大众的城市资产被金融所绑架,这导致社会的生产环节成本畸高,而地位却不断下降,最终无法形成经济的交换循环。生产环节的利润低,也就无法让从事生产环节的就业者在城市中购置自己的资产,那么他们就不能够很好地生活,但生产又必须进行,消费还得满足,所以市场经济中原来集中在生产环节的利润,开始流向其他不同的交易环节,这样使得市场经济原来以生产环节为主导的时代就结束了,经济中各个环节变得一样重要,这使得经济严重虚高,而实效很少,使得市场重视交易的环节而歧视生产,就像西方发达的资本主义国家,包括日本;而中国目前还是生产为主导的时期,但已经进入商品的贬值期,如何稳定纸币的币值体系已经是中国要面临的问题。另一个是石油,这个当时看来最具保值的商品,一是石油会不断变少,二是需求却不断增长,而且无法替代,这是美元选择的路线,但现在看石油不但可以被替代,而且可以放弃,所以由此我们可以明白为什么当初美国立法禁止开采本国石油,但现在却加紧开采,所以这个价值体系也面临崩溃。

技术的发展使得物质生产容易,产品变得丰富,商品普遍贬值带来了纸币价值体系无法稳定的问题,这给市场经济带来巨大的挑战,目前全球都在寻找可以为纸币体系提供价值稳定作用的物品,但在我看来无论如何选择最终都会失败,经济毫无悬念地要溃败,社会也将毫无悬念地转向。因为他们或许是没有看到或许是不愿承认,技术的发展与交换机制的不相容。只有解决这个问题经济问题才能够得到根本性的解决。技术的进步必然会使这种以交换为基本机制的市场经济彻底退出人类历史舞台。

(3)我们可以看出凯恩斯们的经济政策的不妥,减少税收和降低利率来刺激经济的发展是不可能的。因为在一个封闭的市场里,商品面临的是全社会的销售,我们把生产经营环节的成本减少了,生产商家的利润增加了,这样做等于增加了商品提供者的收入;却通过减税和降低利率减少了其他非生产领域的收入,尤其是财政性质的收入,那么靠财政供养人的总的购买力就会下降,而这些人恰恰是商品的需求者,所以这样做等于双向地减少了社会总的购买力。所以这样的政策如果不是鼓励商品向固定市场以外的市场增加销售的话,那么充其量也是个短期的效应,就像给人打个营养针一样,药劲消失了,人又回到不健康的状态了。在全球贸易的背景下,一国的减税就意味着要抢占国外市场。而且提高名义工资和发行财政债券本身就是一个矛盾体。债券的刚性支付和生息对币值的稳定有着较高的要求,而提高名义工资就是通胀。但凯恩斯的政策还是取得了成功,那是因为:①市场经济还处于上升期;②发债的规模不大。短期对经济的刺激是有效的。但现在全世界都受到凯恩斯政策的遗害,因他的政策本身就是个自锁的政策。目前,由于市场经济已经过了上升期,债市规模过大,美国就有20万亿美元,中国有65万亿元人民币。这样大的规模,如果因币值不稳定,带来债市的震荡,那么一国经济必然被毁灭得一地鸡毛。这样的情况下只能一方面稳定币值,另一方面加大出口,来化解目前的困境,但这样的政策选择不是每个国家都适合的,只适合那些技术发达的国家。

(4)未来由于智能机械的广泛应用,从事商品生产领域的人会大幅度地减少,那么社会供养的链条就会发生变化,而且社会生产的组织形式也会发生很大的变化。在智能机械以前的社会生产人员比例可能是生产从业人员10人,非生产人员1人。但智能机械广泛应用后会变成生产从业人员1人,非生产人员10人。这样的变化就无法使得非生产人员的供养来依附在生产领域了。就像讽刺笑话里所讲的,一个单位 10 个领导,只有 1 个兵一样,究竟谁是领导?对于生产环节的极度简化,那么我们再在它的身上附加更多的东西让它来完成是不可能的。因为生产极易完成,你额外的附加还没有加上而产品就可能已经进入流通领域了。所以这种情形和现在通过交换实现财富分配方法无法改变,社会生产就会变得极度社会化,各个环节直接参与商品的生产和流通,以各自分工直接参与财富分配:研究—设计—原料供应—生产—包装—营销—广告—资金提供—配送—物流—接受。

每一个环节都直接参与到社会生产和流通的环节,而成为整个社会生产和流通的一个全链条。不再像现在和以前一个工厂几乎负责了社会生产的全部。这样的变化对人类社会生产即其他相关领域都会产生巨大的冲击。

(1)生产环节不再是利润的中心,而且生产领域也不会有大的利润,各个环节瓜分了商品从生产到消费完成的利润。生产以后的流通环节或说是交易环节变得利润大了。这样整个市场的人都变成靠自己劳动供养的人,而没有了利润供养的人。因为在具体的环节里可能就不再有所谓的老板和员工之分,大家是一个简单的合伙制,这一单生意,你出钱,我出力,他出办公地点或必要的设备,赚了钱按约定一分就结束了。下一单和谁合伙,再看谁合适。包括资金的提供也是如此,现在的众筹就是一个雏形。

(2)对现在的食利资本,尤其是放贷资本是个大的冲击,那些原来依附在生产领域,现在不得不参与到生产环节而承担相应多的风险,而使得这些资本一时无法生存,因此可以预计在未来一段时间里这些资本,尤其那些公开募集的资本会出现大量业绩造假和倒闭。

（3）这样的社会生产链条可以随意组合，而且产能大，从业人员少，素质高。这时的经济主要体现在交易的不同环节而非生产，这种重视从原料到消费者手里的不同环节都成为市场参与者获利的关键点，那么这种烦琐的交易过程就诞生产权经济学，其旨在研究各个不同环节在交换经济的作用和意义。在这个经济学派里有我们华人唯一进入世界经济学家的行列的，这个华人就是自称半个经济学家的张五常。但我看这个学派的前途不大，无非是关注一些交易细节和环节，除了能够为政府制定交易规则细则或经济法规的细节提供一些参考外，没有多大用途。这个情况我们可以看出随着技术的进步，经济的重心逐渐从生产环节转向其他影响竞争的环节，加上社会财富的积累，经济从生产型向交易型转变，即脱实向虚是不可能改变的趋势。这种变化其实是经济的阶段观点的小型化，社会物质的匮乏时代诞生了经济的实业阶段，而物质的过剩必然是经济的环节和交易过渡的阶段。一方面生产变得容易，物质过剩，而且价格下降；另一方面社会生产过程积累下的财富尤其是货币还在社会中，因此这样的情况带来巨大的市场波动风险，这个风险实际还是纸币币值无法稳定。很自然这种大量社会上的流动性会寻求避险，那么城市房地产就理所当然地成为首选，以资产来稳定币值，这个路径是行不通的。但目前全球的市场都是此领域作纸币价值的稳定方法，只是参与的程度不同而已。但要依靠制造业来稳定币值，这个方法避险必须具有先进的生产技术，把产能向国外输出才可以。美国走的是这样的路径，这样一方面产能得到利用，国内生产和利润得到保证；另一方面资产价格也不高。这样的情况仍然是社会上流动性过剩，但资产价格不高，生产的就业人数也不多，但产值和利润高，因此国内的金融交易活跃，尤其是股票市场应该火爆。因为这样的路径是双向推动股市向高点发展,一是制造业利润高,二是社会资金多。所以我一直不明白为什么罗伯特·席勒的《非理性的繁荣》为何能够得诺贝尔经济学奖,美国股市的兴旺难道不是明摆着的吗? 当然,走资产稳定币值的路子刚好是双向减弱股市的,一是由地产行业带动的企业业绩会受地产的拖累,二是社会资金也都进入了资产中。中国目前也面临着选择,中国先走了一段资产的路径,现在要掉头走产能输出的路子,思路是对的,但现实却很难:一是技术能否领先,这不是一个容易解决的问题;二是资本市场能否开放,如果不开放资本市场,等于产能的输出还要用国内的市场去消化别国的产品来实现贸易的平衡,因为你输出的产能所赚取的外汇必须通过贸易花出去,而资本市场的开放就可以把赚取的外汇投资出去,但当前我们却不是这样做,而是相反,像美国一样利用强势美元全球买买买,然后利用资本市场的开放把美元毫无代价地赚回来,利用投资,甚至是投资移民的手段,这样美元就没有任何成本地回到本国,然后又可以在全球买买买。而且还保持技术领先的优势不放松。我们能否这样做是需要付出很大的努力的。我所担心的是中途的逆转,那么或许结果更坏。

但总的是技术的进步,已经无法和交换机制融合,引发货币危机也越来越近了。技术进步使商品贬值,导致货币危机,曾使资本主义经济大伤元气,未来技术的进步必然导致资产的最终贬值,那时,资本主义这种交换机制为基础的经济制度将彻底无法存在了。

群体中的个体需求实现方式的多种选择,总体可以分为有序社会前和有序社会后两个阶段。在有序社会前,个体需求实现的方式可以选择自食其力,也可以选择掠夺他人。在进入有序社会后由于法律对相互掠夺的禁止和对偷盗的惩罚,那么掠夺他人财富或偷盗将面临法律的惩罚,轻者坐牢,重者丧命,使得这两种实现方式成本太高,于是人类便开始选择了用自己的劳动所得与他人的劳动所得进行交换,即用自己的劳动所得去与他人交换自己所需来实现自己的需求。当然群体中的个体仍然可以选择自食其力的方式去实现自己的需求,但由于各行各业的生产都需要有专业的技术,一个人或少数人无法掌握那么多行业的生产所需要的技术,而且自产所费成本将比交换的成本更高,因此物品交换成为人们的实现需求的首选方式。

人类的经济个体需求实现的方式经历了自产、相互掠夺,也可以通过偷盗而实现的过程,而后是通过交换来实现个体的需求,也就是市场经济。随着智力机械的大量应用,人类社会生产可以摆脱对体能的依赖,而仅仅依靠少量人的智力就能推动人类的发展和运行,那么人类的经济就可以进入分配经济时代,所以人类个体的物质获取方式大致经历了以下几个阶段:需求产生——共享、掠夺,特权、交换,分配——需求的满足。

以往的经济学大都讲的是交换阶段的问题和方法,但不提自食其力和相互掠夺,这其实是不全面的。当然,那两个阶段早已过去,而且在人类经济发展历史上也很短,所以以往的经济学者都忽略这两个阶段,主要论述交换阶段,本书也同样重点论述交换经济及以后可能的经济模式。

(三)需求的实现情况对后续需求的影响

人类为满足需求而努力,经过努力无论需求是否得到满足,抑或部分满足的状况,这个状况对人类下一步的需求以及实现方式都会产生影响。可以简单称之为需求受人类努力后的状况影响,确切地说是为满足即时需求所做努力后的状况,而且这种状况对后续需求满足的影响。如一个要吃上一顿晚餐的人,他想在白天找到一个体力的活,以满足他的这个需求。然而他一天也没有找到一个活,没有挣到一分钱,他只有挨饿。这种状况促使他第二天以更低的条件去找个能够挣钱的工作,如果还不如意,那么他可能会想到去偷盗或抢劫了。假如他在第一天就找到了一个好的工作,挣了不少的钱,能够美美享受一顿晚餐外还有很多剩余,那么第二天他则可能不去工作,或要去找个更能挣钱的工作,他会幻想着一步步走向更美好的生活。就是这样,人类的努力后需求的实现情况影响或决定了人类下一步的需求和实现方式的选择。就像故乡的集市每两天一次的交换就是一次财富的变化,这样的变化必将影响下一次的交换,如此循环便使得市场在不知不觉间发生了变化。

经济中的每一个人都是这样,在一次次的需求的努力中使得自己的需求得到实现或没有实现,而使自己的财富、地位、个人能力等悄悄地发生着变化,而进一步影响到下一个需求的实现,整个社会经济就是这样悄悄地发生着变化和发展。在这个过程中也自然推动了社会生产技术的不断进步,而技术的进步必然带来物质的丰富,这些情况自然悄悄地影响着每一个人对物质需求的实现,获取物质的难度变小和物质变得越来越多,个体的物质生活变得越来越富裕的时候,个体的下一步需求会变得更高,这样的变化进而影响着社会制度,也影响着经济的运行和发展,使得经济不断从一个台阶向另一个台阶迈进。这就是人类经济不断发展变化的原因。

这三个问题是人类经济最基本的问题,也是研究经济问题必须解决的,因为这三个问题是人类经济发展的内因,是推动人类经济不断发展的内在动力。这三个问题结合不同的客观环境就可以决定人类经济的形态和所处的状况及发展方向。这样的客观环境主要指当时的政治环境,当然也要考虑法律环境,但法律环境是从属于政治环境的,不单列考虑,其次是技术环境和自然资源环境,这样的三个环境在时间地点上的重合加上三个内因的问题,那么人类某个时代的经济运行方式也就基本被决定了,甚至是经济命运也被决定了。

三个内因问题搞清楚了,才算解决了人类经济的根本问题,既解决了原因和动力问题,又解决了运行机制问题。至于商品的生产与分配,都是根据这三个问题而来的,是这三个问题相互作用而表现出来的外在现象。至于货币则是与人类的商品生产与分配无关的因素,它只不过是为了生产和分配而必须进行商品流通的媒介,它与人类最终的商品生产和分配无关,在商品完成生产和分配后货币就退出人类的需求范围。只不过是在商品流通的过程中通过交换的方法,由于生产技术的不同而使得社会财富流向技术优先者,而使社会财富变得集聚,而改变人与人之间的财富分配,这种分配是技术的不同所起的作用,货币只是财富转移的一种工具而已。

经济的发展是人类为满足自己的需求而做出努力的结果,这种努力是人有目的的行为,所以人类的经济问题实际是人的行为问题,而且是有目的的行为问题。对于人类行为问题的考察我们必须要研究社会制度,尤其是法律制度,由于这些制度是和政治密切相关的,所以研究经济问题我们不可能不考虑政治因素,但这不是本书讨论的重点,而且政治在经济学上也是为人的行为设定一个容许的行为框架即法律规定行为范围而已。本书不做更多讨论,重点讨论在既定框架下人的经济行为及结果,即框架下的经济问题,也是不同政治制度下的具体的经济问题。

所以本书重点讨论交换经济即市场经济,主要讨论交换经济的理论、现状和面临的困境,同时讨论一下市场经济如何向分配经济转变,并对今后的分配经济进行一个简单的探讨。

五 市场经济

以往的交换必须要见面、看看和比较比较物品并进行讨价还价的谈判,即使现在网购不见面,但看货和讨价也是必不可少的,所以以往交换必须有个固定的地点,以便人们进行交易,这个地点的叫法尽管多种多样,但后来都统一为市场,人们也因此把交换经济通俗地称为市场经济,现在人们称之为交易平台。但其核心机制仍然是彼此的交换机制,本书所讲的交换经济和市场经济是等同的。

(一)交换产生的条件

1. 法律

禁止相互偷窃的法律的实施是产生市场交换的根本原因。交换不是人的天性。在具体的交换行为中要想把交换撮合成交,其实比通过强抢或偷盗难以实现得多,因为理论上讲,交换是要满足和实现两个人的意愿,而且两个人都想从中得到最大的利益,而强抢和偷盗是要满足和实现一个人的意愿,只满足一个人的利益。尽管我们现在看到的交换比较容易成交,那是因为无数次的强抢和偷盗得到了法律的惩罚,人们已经在思维上放弃或不敢再有采取强抢和偷盗的念头,才会形成现在这样的局面,真正形成这个局面是人类很长时间的惩罚和管理才形成的,即使是这样,现在还时不时有偷盗和强抢的情况发生。所以,交换的形成是个高难度的技巧行为,纯粹是个理性的行为选择,绝非人的天性。因为成交完全是一个理性分析和判断的过程,即要对物品的价格进行估量和评价,也要对自己的付出做个估量和评价,当然自身的购买能力是否适合选择此种价格和质量的物品等一系列的问题都要经过考虑,就这也不一定能够成交,他们还会估量有没有其他的方法来获得此物品,比如强抢和偷盗。如果没有法律强制的情况下交换能够实现,我们可以肯定的是要比强抢和偷盗来得困难不知多少倍,而抢和偷在没有法律强制的情况下,几乎不用考虑什么就已经发生了。所以交换是一个人类的制度设计,尤其作为一个社会上被广泛接受和认可的行为选择,交换必定是法律强制的结果。这种设计是基于统治者为了维护社会统治秩序的需要而制定的禁止强抢或偷盗财物法律而形成的副产物,是由于禁止强抢或偷盗的法律的实施使得社会大众的需求实现不得不选择交换作为实现方式。所以交换的产生是统治的建立,具体是为维护统治的法律的实施,这是交换产生的政治条件。

2. 人的需求

不同而多样的需求是产生交换的原因之一。需求这个问题在本书已有过比较详细的论述,这里不再重复。

3. 物质的不同功用

这个条件也是交换经济存在的客观理由,不同的物有不同的功用,如苹果、梨子、汽车、房屋等各自的功用是不相同的,而且彼此很难完全替代,所以就有了交换的必要。但这种不同的功用都是物质的本身属性使然的事情,是一个客观存在的情况,没有必要进行讨论。

4. 社会生产技术的不发达

社会生产技术的不发达，社会生产需要大量的人类劳动，尤其是体能劳动，甚至是社会的每一个人都要付出劳动，包括体能或智力的劳动。物品的产出需要劳动的付出，付出劳动的人群需要得到物品。同时社会分工又使得不同的人群从事的劳动不同，而不同的劳动又使得劳动者直接拥有的物品不同，所以需要广泛的就业，而且就业的行业不同就构成了交换的社会条件。

如果社会生产技术发达，尤其是智能+动力机械的广泛运用，社会生产可以摆脱对人的体能依赖，人们需求可以由极少数人的付出而得到满足，社会可以进行按人头进行物质分配的经济方式来满足需求，那么交换也就自然不会存在，而进入了按人口配给的经济时代。

这四个条件缺一不可，是产生交换的原因。需要说明的是社会分工不是产生交换的原因之一，因为即使有社会分工，但没有法律的存在，彼此之间可以强抢，而且分工的后果就是生产出不同的物品，这已经在物的不同功用中包括了。即使是不同行业劳动者的直接报酬是其生产的物品，但这个情况也不是必然的，不同的行业劳动者能否或得到什么样的报酬与其所从事的行业没有任何关系，历史上无数事例都表明了这个事实，就无须讨论了。

这里单列一章的目的是强调交换是社会统治制度的副产物，是生产技术不发达的结果，而人的需求和物的不同功用在任何经济方式的必备条件，只是有了前两个条件才导致交换的产生。目的是让人明白经济制度是和政治制度有关，尤其是法律制度密不可分，且和社会生产的技术水平密切相关的，二者的发展会导致经济制度的变化，而需求和物的不同功用是个客观存在的实际情况而已，无论什么样的经济制度，这二者都客观存在着，与经济制度毫无关系。

（二）交换经济发展的动因

经济的发展源于人类的需求，但需求是具体而有层次的，若按时序分，可以分为即时需求、后续需求；若按层级分，需求可以分为现实能够实现的低级需求和现实能力不能够实现的高级需求（也称为升级的需求）；同时我们还可以按一段时间内需求的重要性来分，把需求分为个体的非主导需求和主导需求；当然考虑群体的存在，那么还可以分为个体的主导需求和社会的主导需求。这些需求的存在和变化是推动经济不断发展的原因。

当然，人类历史上任何时候都是存在这样的需求的，为什么我们把这些需求的变化列为交换经济发展的动因呢？这是因为尽管任何时候都存在着这些需求，但在交换经济前，尤其是市场经济的社会制度确立前，社会个体的需求无法直接实现，更不要说像现在这样个体的需求的变化直接反映在经济的波动上，那时候的需求都被政治制度所压制，社会统治者关注的是统治能否平稳和自己的物质需求能否实现，根本不关心社会的物质生产和个体的物质需求，即使关心也是作为维护统治的一个手段，社会个体的物质需求是在实现统治者统治基础下的副产物，整个社会没有办法直接表现个体的需求和需求的变化，只是在后来大量的社会群体无法生存时才不得已爆发革命来解决个体的物质需求，使得社会个体的物质需求得以升级。这里我们可以明白为什么在资本主义前，关于经济问题研究的书籍很少，而现在关于经济的书籍呈爆发式的增长。所以我们讨论这些需求对经济的发展，其实主要是指

经济的脚步——对《自然而然地生长》的补充解释之一

交换经济。

1. 需求的时效

人的存在一刻也离不开物质的支持,空气、水、食物、衣物、房屋等,一旦缺少物质的供给,物质的支持出现断档,那么人必然会感到痛苦,甚至是死亡,所以物质的需求的第一时效表现为即时需求。即时需求给当前经济的发展带来了巨大的动力,由于即时需求的急迫性,使得每一个人都不得不加倍努力,否则,立即就意味着痛苦的到来或生命的终结。如果即时需求的满足在没有得到保障的情况下,这就像是一个人面临的难关一样,带来巨大的压力迫使每一个人发挥极大的创造力和想象力。为经济的发展提供瞬间的突破,或技术上改变。所以即时需求为防止经济下滑突破底线提供了坚实的力量,因为经济如果满足不了即时需求这个底线,那么就会出现剧烈的社会震荡。

需求既不是吃一顿饭、穿一件衣物就能够结束的,也不是每天重复一样的消费就能够心满意足的,还有多样和更多的后续需求。对于一个活着的人来说,后续需求是个巨量的需求,它不但包含个人自身的需求,也包含表达自己关爱的人的需求,不但包含在自己生存时间内的需求,甚至包括生命结束后的需求,如一个好的墓地、风光的葬礼或好的身后评价。

一个人的巨量的后续需求,使得每一个人在经济的行为中都必须顾忌后续需求的存在,或后续需求的实现能够有一定的保障,否则,马上也要面临痛苦或死亡的危险。因为后续需求很快就会变成即时需求。所以后续需求的存在使得每一个人的经济行为都趋于理性,巨大的后续需求的存在促使人不得不在具体交易上讨价还价,那么人在经济活动中表现出来的就是追求自己的最大利益,而又尽量减少付出。

后续需求的存在使得人经济活动中呈现出理性选择,但外在表现却是利己的特征。经济活动中的利己选择,使得经济运行具有了竞争机制,这个机制促使社会生产中的技术进步,利己的选择也使经济中的财富发生聚集。所以后续需求的存在给经济的发展带来的影响与即时需求给经济的发展相比,具有了更长的可持续性,因为财富会有积累;但同时因为财富是在个体身上的集聚,使得经济发展具有了趋向萎缩的特征。当然,技术进步为加快经济运行和发展的速度提供了条件。

2. 需求的层级

每一个人都会具有升级需求,这个升级需求是因人而异的,也可以说是某个人在某个时间段内的高级需求,它就是指一个人在自己远不具备某个物品消费的情况下,而对某个商品却有得到的需求愿望。这样的情况听起来不符合以往的经济学说的逻辑,但这却真实而大量存在。其实它实际是符合人的本性的,因为每一个人都有价值需求,而价值需求并不是独立存在的,在现阶段人的价值需求是附着在物质或情感需求上的,它是通过对物质需求的实现档次或情感需求的实现能否达到自己的满意来体现的。也就是说在物质需求的实现上,一个人在追求物质需求的基本目标实现的同时,也可以通过对不同档次物质的享用而体现自己的人生价值。就像一个整日吃糠咽菜的穷人,也想吃顿大餐一样,那一顿大餐寄托他的富人梦想,可以让他感到自己也和富人一样的消费过,而使自己非常满意,为此他可能会付出不小的代价,他也是愿意,并认为是值得的。因为物质的档次不同,所以对某个物品的需要往往是寄托了他的价值需求,或者说他对这个需求的能否实现赋予了价值需求的意义。我们每一个人都会有类似的状况,无论你的经济状况如何,你总会不顾自己经济的窘境而实现自己本没有能力消费的商品。而升级的需求可能需要一个人很长一段时间的努力,或者穷其所有而去为之,所以人类的后续需求和更高级的需求对于经济的影响巨大,也是推动经济不断发展的原因。我们每一个人应该都有这样的人生经历,都有一个看似遥不可及的美好愿望,如住上大城市的大房子、开上小汽车等不一而足。我们每一个人都有多花钱的欲望,而且是在自己经济实力不能达到的情况下,我们每一个人都会超出自己现实的经济实力去消费,以实现自己对美好生活的愿望。一个乞丐也有吃一顿大餐的愿望,而且他很可能就去实现。漂亮的皮鞋、精美的首饰对一个贫穷的人来说都很有诱惑,他会为此付出所有的。一个不能够解决温饱的人也会有做一件好衣服的愿望。很多人是借钱买车,更有人是贷款消费。这样做通常被说成是爱面子,实际是满足了这些人对于这些消费赋予的价值意义。贫穷的而重复的生活使得他想过一次富裕人的生活,这样做可以满足他的价值需求或是心理安慰。这是人性的另外一面,满足自己对人生意义的追求,属于价值需求的范畴。所以人的利己性体现在具体的交易环节,而在是否决定购买某个商品的决策上,却是受到人类对美好生活的向往的影响。所以一个人的采购计划往往都会超支,一个国家也是如此。所以多花钱和花大钱是每一个人骨子里的愿望,其实是想通过一次大的购买行为表明自己并不比别人差,或者是比别人更好,而非都是节俭的欲望。这种对物质的不同档次的需求体现的是人的价值需求,即不同档次需求的实现体现的是个人的能力或社会价值的认可。

升级的需求分为两种:一是个人的升级需求,当然是因人而异的。个人的升级需求是个不断因情况变化而变化的,这是个人在其生存的过程中不断努力的原因,这种努力自然推动了个人生存情况的改善,也推动了社会的发展。二是代际的升级需求,其实这是指处于不同阶段的人们的高级需求不同,就像古代人的最高级的物质需求和现代人的物质需求也是有差距的,所有处于不同经济水平阶段的人的需求升级是不同的。比如现在的发达国家的人和落后国家的人的需求升级的具体目标是不同的,而且在不同经济阶段的人的需求升级也是不同的。个人的升级需求为社会经济在一段时间内的发展提供了动力,而代际的升级需求促进了社会经济从一个阶段向另一个阶段迈进,这就是人类经济不断升级和发展的动因。

3. 主导需求

个体的主导需求决定了个体在一段时间内的主要努力目标和支出计划,个体的主导需求和升级需求的区别就是个体在一段时间内的升级需求中的那个最重要的需求。同时社会的主导需求为社会经济的波浪式发展提供动力,因为社会主导需求的变化会导致社会主导产业的兴起和衰落,从而推动社会经济的震荡式发展。

以往的经济学者对需求问题就一个"需求"一词一笔带过,仅仅就一个概念,抽象而笼统,只讲需求与满足之间是否实现的关系,这样让许多经济理论出现偏差,而不符合实际。按照以往的经济学观点经济不但不能发展,而且只会萎缩。以往的经济学家讲的需求实际只是即时需求,用即时需求代替了一切需求的内容,他们在需求的问题上没有细究,就像在这卡壳了一样,没有把需求进一步细分。正是因为把人类的所有需求都当作一次性需求,所以他们由此把市场看成公平的,资源配置合理的,但他们只看到了需求的皮毛而已。他们据此把人类的需求作为经济发展的动因,这样的说法既不符合人类需求的实际情况,也解释不了经济不断发展的实际状况。

经济的脚步——对《自然而然地生长》的补充解释之一

把人类归为自私和当成经济人的说法,其实是经济学家的敷衍,巨大的后续需求的存在促使人不得不在具体交易上讨价还价,但他们不讨论后续需求,而是简单地把它当作人性的自私来处理,这使经济误入歧途多年。因为把人自私本性的理论说法严重影响对经济行为的判断。如果人是经济人,人都是自私利己的,都想在交易中少付出,那么这种机制的交换必然得来的是经济的萎缩,而不是发展。但事实上人类的经济一直在发展,尽管有危机和萧条,但从历史的角度看人类的经济一直是向前发展的。所以把人类看成是经济人的说法是不正确的。没有看到人不但利己,还有对自己人生意义的追求,少花钱和多花钱就是人性的两个层次,既要利己,又要体现自己存在的意义。实际人在需求满足尤其巨大的后续需求的存在,使得人不得不首先利己,尤其在具体的交易行为中,而在人的消费实现的过程中也有和别人的比较行为,而消费的行为中也必然包含了价值需求,促使人产生更高级的需求,哪怕是暂时没有能力去实现。正是没有看到人类在现在还不具备条件下还有更高级需求的需求,所以以往的经济学家既解释不了经济发展的问题,也看不到人的主导需求的形成,也没有弄明白社会主导产业的兴起和衰落,而引起社会经济的兴衰轮回。

通过对需求的分析,我们很明显可以得出人在经济中的行为是理性的结论。人是理性的更符合实际情况,因为人是具有高等智慧的动物,人类的行为是通过对自身的需求和自己现实的处境进行理性分析所得出的行为决策,不像低等动物靠感觉。但后续需求使人必须利己,而且人的利己行为在具体的交易中能够比较鲜明地体现出来,这让以往经济学者看到并坚信人是自私的原因,所以人是自私的结论也不是空穴来风,但这只是片面的观点,没有全面看待人在经济中的不同需求而已。

人的利己行为支持了人类社会现实经济的运转,而人类对更好生活的欲望支持了人类社会经济的发展和进步。以往的经济学只注重第一个原因,没有提出,起码没有明确提出人类在现有条件无法具备的情况下,人类会为超出自己经济实力的需求付诸努力。从中我们看不到人类经济发展和进步的理由和原因。没有对更好生活的追求,人类是无法发展和进步的。按以往的经济学说人类的自私行为,是会导致人类的经济和社会一直萎缩和萧条的。

只有需求是不能够说明经济是不断发展的,所以经济发展的动因不但有需求,而且必须有更好的需求即利己和对更好的生活的追求。

经济发展的根本动因其实是两个:一个是每一个人都有即时和后延需求,另外一个是每一个人都有对更美好生活的追求。分成两动因对人类经济发展是至关重要的。正是人类有对更好生活的追求,使得需求不断的升级,使得人类的经济不断向前发展。主导需求只不过是导致社会经济的具体发展方式或路径不同而已。

(三)关于市场

市场的本义就是卖场,也有集市的意思;英文的 market 也有集市的意思,所以市场的本义就是指为交换提供的场所。但由于这个场所是为人们的交换而设立的,所以研究交换经济的时候就不能把它仅仅看作成一个场所,而是由于交换所具备的其他因素,如人数、货物的数量、货币的数量等这些使得交易能够运行的因素,所以市场能否运转不是仅有一个场所就能够解决的,而是这些因素的总和,所以市场是包含了场所及交换因素的总内涵,当然也可以包含需求、供给、不同的行业消耗及产出,从业者的消费及收入等与交换有关的内容。所以市场这个词配合不同的语境可以灵活表达市场经济的许多词义和内涵。如:有人问有没有市场,就是把市场指代需求的概念,如服装市场,就是指服装这个专业的市场;还有,如有人说市场究竟有多大,即需求总量的意思。

1. 市场具有边界

市场之所以是有边界的,是由交换机制带来的,是市场经济的本质特征之一。由于交易是双方的,而且必须是双方在同一时间、同一地点,对同一货物进行沟通的情况下,才能够达成一笔交易,即使是现在的网购也必须具有这样的条件才能够达成交易,只不过同一地点可以改成同一平台而已。所以在同一时间、同一地点能够参与这个市场进行交易的人数是有限的,而这些人居住区域的分布也同样是有限的,那么这个市场能够覆盖的范围也是有限的,这个范围的大小就说明了市场是有边界的。

就像故乡的码头由于交通条件或其他的原因,每天能够到这个集市进行交易的人即是有限的,所以码头这个集市能够覆盖的范围是有限的。

每一个市场都有自己的边界,所以在每个国家领域内都会分布着很多的市场,这些市场的边界彼此相连,而且会相互渗透、交叉或重叠。每一个市场都有自己基本的边界和与别的市场相互重叠的区域,市场的大小不一,而且还有层级,大的市场可以覆盖小的市场,如省级的大市场可以覆盖县、乡级的市场。同级的市场是平等和相互交叉的关系。这样市场就构成了一个级别和区域分布的市场网络,为社会物质需求的满足、物质的运转提供通道,也为物质的生产和归集提供动力和通道,更为从业者提供报酬、提供变现的途径。

2. 交换和市场的区别

首先,市场是因交换而产生的,没有交换就不会有市场。其次,交换出现的时间和存在的时间也会比市场要早和长,在法律禁止相互抢夺和偷盗实施前就诞生了交换,那时或许是出于个人的兴趣私人之间的交换也会偶尔出现,虽然我们无法亲眼见到,但我们可以通过推理确定其一定有会出现过,因为不同的物质给人的质感是不一样的,那么不同的人对不同的物就会有不同的喜好,所以在各自物质有富裕的情况下彼此交换是个自然而然的事情。而市场却是在禁止相互抢夺和偷盗的法律实施后,而且是交换行为在社会上已经比较多的情况出现后才会出现。随着技术和经济的发展,交换这个机制将不再是社会个体的物质获得方式时,市场也就不会存在了,而交换还将存在。再次,交换是一种行为,而市场是指用于交换的场地。最后,交换在市场经济阶段其实是一种社会规则,而市场是个场地。

3. 市场是有限的

市场既然是有边界的,那么在这个边界内,市场中无论是需求与供给,包括商品与货币等自然就都是有限的。就像那个码头,每天到这个集市参与交易的人数、货物、货币等都是有限的一样。即使是现在的互联网时代,能够在某个时段参与网购的人数也同样是有限的,包括开放的国际市场;同样一个商品能够覆盖的区域也是有限的,即使是全球都可以买卖某个商品,那也是有限的,只不过市场有大小之分而已。尤其是实行了进出口管制的市场,各种商品的进出都是严格控制的,那么对于某些商品来说它的市场更是有着明确的边界的。

4. 市场是一个独立的体系

市场既然是有限的,那么市场就是独立的体系。每一个市场都可以自成体系,因为极少数的人就可以独立生存,如一个山洞的人,或几户人家都具有独立生存的能力。所以任何一个市场都是可以独立的,只不过是这个独立的市场内或者是物质单一贫乏,人们生活的单调和穷苦而已。就像故乡的码头,市场范围内的人,有种地的、打鱼的、种菜的、养家禽家畜的,等等。他们彼此交换,彼此满足各种所需,各行各业及其从业者在一个市场内是一个相互依存的生态体系,就像一个自然界中的各种生物形成的生态体系一样。各个行业相互依赖,彼此互为条件,一个行业的存在或诞生是其他行业生存的条件或灭失的原因。就是说在一个市场内,由于需求的存在和变化,通过交换价格的变动,一个行业可以兴起,也可以衰落,一切都好像通过市场交换都能够完成行业的变换和产品的换代。市场可以独立而且很好地运行。这个现象让很多经济学家对市场经济称赞有加,他们认为市场是万能的,不需要政府干预,市场自身的运行结果就是最好的效果的观点,都是受到这个现象的迷惑。

是的,一个市场可以独立成为一个运转的体系,就像故乡的码头一样,那里的各行各业都可以相互调节得很好,而且人们也可以生活得很安定。如果没有特别大的灾害影响,那么人们的生活一直会很平稳。如不出现大的旱灾或水灾使得粮食的产出发生很大的变化,那么各行各业会均匀地运转下去。即使有这样的灾害,市场也会自动修复,这样的灾害会通过借贷或行业从业者的调整,使得市场重新形成平衡。

如果一个市场在既没有外来商品或资本的流入,也没有技术的进步,也没有强权对资源的垄断,市场内的所有物质都是靠交换来完成的,那么这个市场就像一个完全封闭的系统,可以一直运行下去。这样的市场就是所谓的均衡状态。由于市场内的各行各业的所有从业者都没有能力改进自己当前的生产技术,这个市场内的所有从业者都是在一个水平上竞争,那么就不会发生财富聚集,每一个行业,甚至每一个人都以自己的劳动来维持自己的生存所需,必须进行的就是交换劳动的关系。本书称之为自给自足的状态,而且会一直延续下去。在这个市场里受各种资源条件的影响和人们对不同商品的需求,各种商品的价格会长期处于相对稳定的比例关系,各行各业的从业者也都是靠自己真实的劳动来满足自己的生活,即用自己的劳动向其他劳动者交换劳动成果,而真实地生活。这种状况就是马克思所说的商品是人与人劳动的交换,是无差别的劳动的交换。以往许多的经济学者都论述了市场的均衡状态,但都没有说明究竟是一种什么样的状态,博弈论者就是一句市场达到均衡,则实际是一种理论揣测。

市场独立自成体系是可以自我救济的。所以市场是一个自成体系的系统,可以自我运转,但只是在某一段时间内是这样的,就像人类在地球上生存而不断被战争和疾病等灾害所损伤一样,市场经济的自我运行也必然是繁荣和衰败相互更替着的。一个市场内,市场经济的核心就是交换,而交换可以改变一切经济现状。没有交换就没有任何变化,没有利润或亏损,没有物品的生产和流动,但以往的经济学家却在这个问题上是没有给予足够的重视。他们过多地关注形成交换的条件,如价格变化等,而没有研究通过交换给市场所带来的变化而对经济产生的影响,交换之于市场经济就像一个炼钢的高炉,进去的是矿石出来的是铁水。市场经济的所有要素也一样都要通过交换,进去的是各种要素,出来的要么是利润,要么是亏损。这个过程会改变市场经济的一切要素配给。因为交换过程的讨价还价使得市场交易有个竞争机制,这个竞争机制使得商品提供者的优劣势通过交换变成财富的变化,它使得劣者更劣,好者更好,社会财富发生单向聚集,最终使得经济运行出现停滞。

市场的自成体系的独立性还受到市场内资源种类是否多样的影响。尽管一个市场可以自成体系,但一个市场内的资源种类是否多样,这是决定一个市场独立性强弱的关键。越小的市场,其资源单一,就越经不起冲击,包括现在世界最富有的石油输出国,它们的经济也是脆弱的,经不起其他资源产品的冲击和封锁。技术落后的市场也是一样,经不起先进技术产品的冲击和封锁。

就像一个农业市场经不起工业产品的冲击,而一个工业化的市场经不起高科技产品的冲击。

所以市场既有独立运行的能力,也会受到来自市场内部或外部的冲击,而使得市场的运行不断变化。

5. 市场会发生变化

市场中的每一次交换除了满足个体的物质需求之外,还会改变个体的财富,也会改变生产情况,会使生产的技术、能力等发生变化,从而使供给情况也发展变化,如此市场中运行的因素就发生了变化。所以理论上市场发生变化是绝对的,只不过有量变和质变之分。所有市场就像农民养鱼的池塘,里面的鱼每天都会成长或死亡,池塘里的其他生物也会每天都发生变化,池塘里每天甚至每一时刻都发生着变化,而从外界看来池塘并没有任何变化;只有暴发洪水把池塘淹没,或者干旱到池塘见底等这样的情况我们才会发现池塘发生了变化。对于市场而言这样的变化也是存在的,首先是市场内部的技术进步或改变财富分布,也可以改变交换两方的情形,使得交换变得无法进行,其次是外界市场的冲击。

(1)购买者的讨价还价使得市场具有竞争机制,而竞争机制导致市场内部生产技术会不断发生变化。生产技术的变化可以使商品的生产者之间的财富发生变化,财富可以通过交换向具有先进技术的商品生产者手里转移,如此不断地重复这样的交换,市场的财富就会向技术优先者手里集聚,那么市场交换的自给自足的状况就会被打破,有些人再也无法参与到交换中去了,因为他没有钱了。这样的情形会影响交换经济的运行。

资源的变化也可以和技术的变化一样带来同样的效果,那些拥有丰富自然资源的人都可以通过交换获得大量的财富,但资源的变化只是暂时的,最终可以通过技术进步来解决资源问题,所以不把资源的变化单列为一个市场变化的原因。

技术进步同时也改变了就业的状况,使得越来越多的人无法就业,那么这些人就无法参与到交换,交换机制不得不发生改变,甚至无法存在而使得交换不得不发生改变。

(2)市场外的因素的影响。这主要是商品贸易和资本进出,这两种情况对市场的影响主要反映在财富流入和资本流出两个方面。考虑资本市场我们同样也可以说是资本的流入或流出,但总的来说就是货币的流进或流出。这两种情况会改变市场的交换情况,也会改变市场原来的自给自足状态,各行各业的从业者由于贸易而收益不同,他们不能够再像以前一样各自通过在自己的行业的劳动来彼此交换劳动成果而安静地生活了。贸易使得他们有人得到了大量财富,或损失了大量财富,使得他们不需要劳动或无法参与继续从事原先行业的劳动,而无

经济的脚步——对《自然而然地生长》的补充解释之一

法参与市场交换了。当然贸易在金银货币和纸币阶段对市场的影响是不同的,这在后边有详述。

但是自给自足这种状态理论上是不可能存在的,尤其是一个大的市场,从业者的劳动的技术含量不可能是一样的。市场只要有了技术的进步就不会再有这种均衡状态的存在,比如在故乡的码头上一个捕鱼的人采用了先进的技术,那么同样时间的劳动他捕的鱼就会比别人多很多,如此财富便集聚到他手里。码头上其他行业的人也都有技术先进者,技术先进者的多产出就会增加市场上的供给,那么商品的价格就会下降,那些技术低的生产者获利能力就会进一步下降,这样小小的码头财富便集聚到这样几个具有先进技术人的手里了,码头变得凋零而大部分人无法生存下去,码头就诞生了经济危机。同样,或者有码头以外的人运来了比本码头更便宜的货物,那么码头的货币就会外流,与之相关的行业便没落了,码头慢慢变穷了,这样就对市场内的行业产生严重的冲击;又或者有人不断来买码头的鱼,捕鱼人变得比之前更有钱了,于是码头的其他产品被捕鱼人买的多了,码头变得富裕了,物价也变高了。这样使得生产的繁荣对市场外需求的严重依赖,这同样也为市场埋下危机。这三种情况都会使市场发生极大的变化。

所以自给自足只是一个近似值。马克思关于商品凝结了人类无差别的人类劳动的论述就滤掉了劳动的技术差别,其他关于市场均衡的理论实际是基于一次交易来看待市场的,就像故乡集市的一次逢集一样,参与市场的货币和商品及人数是一定的,那么这次交易要出清的状况就是他们所说的均衡状态,但这也只是书本上的理论计算,事实上市场都不可能出清,不但有不能够成交的货物或没有实现的需求,而且人的需求是轮回式的产生和完成,那么货物的产出和消费也是不断的轮回式。以往许多经济学家追求,但也没有论述清楚的市场均衡状态,有也只能是个相对的短暂的均衡状态,但这个状态让很多经济学家着迷,并花费大量的精力去研究,实际是个无用的东西,仅仅是一个市场运行变化过程中可能出现的暂时状态。他们总想弄清在均衡状态下的市场内各个因素的关系,就像在市场出清的情况下各种资源最后反映在商品价格的关系,以此来说明这样的局面是市场内在的本质规律,决定了市场的运行和存在。殊不知他们没有明白随着市场的出清,即交换的完成,社会财富都发生了变化,下一次的交换就是下一次的情况,也会有下一次的结果。所以即使有用也是个平面的结果,只是某个时段、某个条件下的状态,而市场是个不断连续交易的,其结果在随着交易的变化而不断变化,所以这个结果只是市场不停变化结果中的一个,或许下一秒就没有意义了。我们理解其从中想揭开市场交易内涵的秘密,其努力可嘉,其智慧可赞,但研究的方向太偏了,没有从交易的原因和内部机制上寻找,结果也无法解释市场经济的运行法则。

由于市场内的行业不是一个,所以不同行业的技术水平不同,对于不同市场内的行业的生产技术也是有差别的。如甲市场中的A、B行业。其中A行业的技术比乙市场中的A行业的技术水平高,而乙市场内的B行业的生产技术比甲市场内的B行业的生产技术高,所以两个市场的两个行业的产品就有交换的必要,按照大卫·李嘉图的理论,这样的贸易对双方有利。其实不然,我们还要看这两个行业占各自市场的份额的大小,如果有个行业在一个市场内所占的比例较大,那么这样的贸易是不可取的,因为如此长期的发展就会使得一个市场对另一个市场产生较大的依赖,而丧失竞争的能力。

（四）交换的发展历程

市场经济的核心机制就是交换,人们选择交换来作为实现经济目的和满足自己需求的手段,因此,交换可以带动社会物质的流动、财富的变化,人们的经济状况发生了变化。

但交换并不是人类与生俱来的用来满足自己实现需求的手段,只是人类用来实现自己满足需求的手段的一种,而且是从共享手段和掠夺、特权作为实现自己需求的手段之后。所以交换的诞生、发展以至于被别的经济运行方式所取代是有其必然的规律的。

交换的发展大致可以分为四个阶段:

1. 压抑阶段

出于政治的需要,统治者制定了关于禁止相互强抢和偷盗财物法律,从这样法律的开始实施,至资本主义萌芽的前期,大约是封建社会的中期,这一段时间就是交换的压抑期。因为这个时期社会财富的转移方式主要是:①相互之间的掠夺,国家或集团之间的掠夺;②统治集团内部的人主要靠特权来获得财富,他们靠世袭的身份和社会地位就能够无偿获得财富;③社会其他个人则主要靠依附在统治者或权力集团下,靠自身的努力被他们的分封或赏赐而得到财富,或与他们做奴役或劳役以获得生存所需。但由于禁止相互强抢和偷盗法律的实施,通过交换来作为实现需求的手段也开始出现。当时的社会财物几乎全被统治者占有,社会大众赤贫,而且社会生产能力低下,那么社会大众能得到的物质极度匮乏,这个时候的社会是只要有东西可卖,那么就会有人倾其所有去购买,甚至不惜卖儿卖女,或自卖为奴等情况都会而且经常发生。因为当时的社会政治制度决定了他们没有其他的方法去获得物质,社会生产的物质被统治者无偿占有了,而且这个制度是社会的主要制度,交换只是法律实施的间接产物,统治者又有凌驾于法律之上的特权,所以这个时候尽管有了交换,但处于一个被压抑的地位,而且个体的财产权也没有保护,那么交换的发展更是举步维艰。

我们通过口口相传或其他方式听到那个时代的故事,如一个馒头换一个老婆,或为了能够吃上一口饱饭而甘愿为奴、为人妻妾不绝于耳。这种情况让我们瞬间明白了,为什么会在市场经济制度形成前贸易能够得到爆发式的发展。因为那时的贸易是暴利,无论是国内和国际贸易都能够获得暴利,那时只要你拥有货物就不可能卖不掉,甚至价格随你卖家意愿,即使不断上涨也挡不住人们疯狂地购买。因为大量的社会大众几乎是没有占有社会财物,尤其是生存的基本物质需要都没有得到满足。

我们也可以从最早的经济学者的论述里看出这样的情况存在。公元前400多年的色诺芬大力赞扬农业,就是当时这种情况的反映。物质的极度贫乏,尤其是食物的贫乏让色诺芬深深地感到除了农业能够满足人类食物所需之外,其他的金银财宝也不能够当饭吃,所以在解决人类因食物不足带来的痛苦方面只有农业是最见效的,其他即便有再多的财物也无法解决饥饿的痛苦,拥有的这些财宝又有多大的用处呢?由此色诺芬发出了"对于一个高尚的人来说,最好的职业和最好的学问就是人们从中取得生活必需品的农业"。之所以加上前缀"一个高尚的人"是因为他从物质效用的观点看不到金银的用处。如果你说金银没有意义,但当时社会上又有那么多的人拼命去赚取这些金银财宝,而且是社会的上层人物;说它有用,却又不能够解决人们的生活所需,人们生活异常痛苦。所以他发出这样的感叹是表明一种愿望,希望有觉悟或高尚情怀的人去从事农业,以解决人们的生活之苦,而不要去拼命赚取金银。后来的重农主义经济学者同样是看到这样的社会现实和拥有同样的疑惑,所以他们主张重视农业。包括效用理论,尤其是效用的等级理论。这些经济理论我们不管其价值多大,但恰恰是他们的理论反映了当时社会大众物质匮乏的局面,那时的社会大众生活在饥饿的痛苦之中。我们也可以理解为什么重商主义比重农主义出现的早,那是因为贸易的暴利是贸易的大发展在先,而贸易得来的财富却不能够解决当时社会大众的物质匮乏,那是的贸易主要是王室贵族所掌握,自然其利益也为他们所得,社会大众生活在饥寒交迫的痛苦之中,经济学家对于经济发展意义的思考,那些贸易得来的巨额金银却不能解决社会大众的饥饿痛苦,而得出发展农业和重视物的效用等观点,这是再自然不过的事情了。通过这些经济学说的出现,我们能够很清晰地看出交换发展的历程。

2. 交换的扩张期

贸易的发展使得交换作为一个社会个体物质获得的方式而逐渐被广泛接受,逐渐成为一个可以和原先的特权制度相抗衡的制度。交换得到社会的广泛认可,也使得通过交换成为一个不再担心被掠夺的实际情况,真是上帝为广大的社会大众实现自己的需求新开启了一个方便大门,之前的社会大众其需求的实现完全是依附于社会统治者和各个贵族,靠为他们提供服务,靠他们的给予或赏赐来过着自己凄惨的生活。交换在社会物质分配中越来越被广泛接受和应用,掠夺和赏赐逐渐变得少了,当然,这时社会制度也发生了很大的变化。那些把社会财富从政治和法律上规定归为统治者所有的社会制度受到挑战,特权经济制度正逐渐向交换经济的制度转换,两种分配制度的运行使得社会处于不断的政治震荡中。

通过交换可以带来的巨大利益,推动了交换的大发展。交换的巨大利益使得许多国家用举国之力参与,如荷兰、英国等这些国家为了贸易利益,不惜以军队开道,打开自己贸易的大门和通道。中国在这一轮的发展中明显是反应滞后,也许是统治者的封建制度过得安定而舒适的缘故,也许是农业为本思想的桎梏,反正对贸易的利益没有太大兴趣,而使中国后来付出了巨大代价。当然这时个人贸易也得到膨胀式的发展,整个社会处于交换经济的第一个繁荣期,从封建社会的末期到资本主义社会的建立。

贸易的发展促进了汇兑票据业务的发展,也促进了纸币的诞生,因为巨额的贸易汇兑用实物的金银兑付,并不是一件容易和低成本的事情。

交换的发展使得贸易的暴利远大于掠夺即战争,因为长期的掠夺也使得被掠夺的一方对军事技术的提高,对抗能力得到提高,那么靠掠夺已经越来越难,而且长期的掠夺已经使被掠夺者成为自己的势力范围,也就是原来的小部落或小的国家变大了,这样再相互掠夺就是一个十分困难的事情了。所以掠夺也是最早的暴利,因为那时人们没有反抗意识和较强的反抗能力,逐渐也因反抗能力的提高和可以掠夺的范围变小而变得本大利薄了,我们可以从人类战争历史上研究出这样的结果。靠掠夺实现经济利益也随着反抗和交换的开始而越来越难有成果,其最后的结束以二次世界大战为标识,表明了这种掠夺经济的终结。现在及以后,谁要想靠掠夺来满足自己的利益已经是不可能了,所以以掠夺为目的未来的世界大战发生的可能性已经很小了,因为既没有必要,又更加不易,两败俱伤的情形是非常可能的结果,技术的发展可以解决自然资源的稀缺。当然,发达资本主义国家为维护交换机制的运行,向外拓展市场,遏制其他国家的发展也会引发世界大战,但这种战争的主要目的就是扰乱稳固的政治、经济秩序,使其无法发展而对发达的资本主义国家产生依赖。

贸易的发展必然会带来商品生产的大力发展。市场对物品的巨大需求和交换能够带来的巨额利益,无疑会极大地刺激物品的提供者去转向加大马力提高商品生产能力。因为仅仅依靠贸易,把不同地方的货物运来运去来赚钱,也必然导致物质的减少和物质价格的上涨,那么贸易的利润和运转的难度也逐渐加大。这样转向从事商品生产是必然的选择。首先会选择从事农业生产,而农业生产的发展,使得从事农业的人员变得富裕,那么工业品的需求就变大了;如此不同品种的工业商品生产就得以迅速膨胀起来,一个个专业的生产厂家被建立起来,而且生产能力被迅速提高,因为这时随着交换规模的不断扩大,其间的从业者的收入也得到大幅提高,那么对商品的需求和购买力也不断增加,如此形势下,规模化的商品制作厂雨后春笋般建立起来。而随着贸易的发展和加入者的增多,人类社会的利润这时已经开始从贸易环节转到生产领域 。

交换的扩张使得经济开始向制造业转向,制造业的兴起是交换带来第二个经济效应。

3. 主导期即资本主义社会时期

交换作为一个社会的主导制度的确立,也就是资本主义国家的建立,标志着交换的主导时期到来了。从资本主义国家的建立到国内房地产价格开始回落止,这个时期就是主导期。

五 市场经济

交换的实现必须以参与交换的市场主体具有独立的产权和能够具有独立出处理财物的权利。所以扩大了的交换规模,必然带动以产权私有和权利平等为内容的资产阶级革命的兴起,并最终导致资产阶级制度取代以往的政权私有的社会制度,使得市场经济的生产关系得以完全确立。资本主义的生产关系这时已经得到法律的确认,那么交换成为一个社会经济的通用规则。在经济领域是以动力机械进入生产领域为标志,标志着人类进入了资本主义社会时期即交换的主导时期。

资本主义的生产关系得到法律的确认,交换成为一个社会经济的通用规则,那么交换得以更为广泛发展,这使得商品生产,尤其是以蒸汽机为代表的动力机械为社会化的大规模生产提供了可能,动力机械的使用使得商品的产出得到爆发式释放,这同时促进了商品生产能力大规模地提高。制造业的扩张推动了原料业的发展,使得交换经济的利润中心从制造环节转向资源环节,这使得国家之间为了争夺资源而发生了不同规模的战争,最大的就是二次世界大战,其根本起因就是资源在交换经济的地位日趋重要,发达国家想通过占有资源而达到一本万利,利用资源去掠夺其他国家的利益目的。资源行业的发展相应促进了交通运输业的发展,尤其是远洋航运业得到大的发展,交通运输的发展反过来又促进了基础产业和制造业的发展,这样交换经济因制造业的兴起也带来了一次全面发展,而且除商品交换外,金融业、服务业也得到了发展。资本主义这时达到了交换经济的最高峰。

这时行业得到了进一步的发展和细化,而且也促进了人与人之间的关系变得平等,没有人再可以凭借自己的地位和权力来获得所需的财富了,每一个人都必须通过交换来实现自己的财富梦想或需求的实现,巨富者也是通过交换实现的财富聚集,权力者也是通过提供自己的劳动来换取自己所需。

各种专业的商品生产让人们从事的行业不同变得普遍而明显,人们注意到了社会分工。亚当·斯密认为:分工是人类固有的交换倾向引起的,人们在交换中发觉,与其什么事情都自己做,还不如专门做一种事情,生产一种东西,然后交换,这样才能给自己带来更多利益。[见尹柏成《西方经济学说史》(第二版)29页]。对分工这样的见解是不对的。但分工的普遍存在使得社会中的各行各业的人们成为一个相互依存的经济关系。

制造业的兴起使得资本变得紧缺,因为贸易只是需要流动资金,而生产却要购置大量的固定资产,而且还要有流动资金,如此资金就变得紧张了。这样的情况为银行业的发展提供了一个黄金时机。

4. 收缩期

资本主义生产关系的确立使得交换成为一个社会规则,而且是每一个社会个体生存和行为的规则,那么交换就不仅仅是为了满足人类对不同物质功用的需求了,而是每一个市场参与者的生存之道,无论是谁都必须拿己之所有或己之能够支配的资源去同别人进行交换,而且在交换中还必须获利,起码要保住成本,这样才能够维持其生产和自身的生存。由于交换成为每一个人的生存之道,无疑加剧了竞争,而且每一个人都有巨量的后续需求,那么交换过程中,每一个参与者都努力多获得利益是再自然不过的事情了,充分的交换和竞争会导致技术的进步。动力机械的运用使得社会生产的规模逐渐变大,而且由于制造业的发展,带动了原料、运输等相关行业的发展,也带动了就业,推动了社会不同产业的递推式的发展,如此,人类经济逐渐得到全面的发展,个体的物质需求越来越容易得到满足,而且物质也变得越来越丰富和价格便宜。

　　动力机械的运用和技术的进步必然使得社会物质变得绝对过剩。一方面是生产规模的变大,另一方面是技术的进步。这两个方面使得社会生产成了物质和产能双过剩。

　　商品的过剩导致价格的下滑,那么纸币的价格就无法再和商品相连接,如此局面导致了币值的崩溃,经济危机爆发,使得交换经济不得不重新寻找能够填补币值的商品或资产,以稳定整个交换体系。在这次经济危机中,银行业遭到重创。但市场体系具有自我修复的功能。这样交换经济在一次次危机中,把人类的衣食住行所需的四类物资充分发展起来,使得人类不但在这四类物资的供给上出现绝对的过剩,而且使得不同的个体在这四类物资的消费上也出现了许多不同的档次,而是整个社会在这四类物资的满足上得到多层次的满足,无论贵贱贫富都可以很好地得到四类物资的满足。尤其是以城市地产的价格下降标志着交换经济进入了收缩期。

　　(1)一方面社会大众现有的大规模物质需求已经得到满足,尤其是以衣食住行为代表的物资供给都变得过剩。另一方面,人的新诞生的需求规模却很小。对于普通的社会大众其基本的物质需求就是衣、食、住、行这四个方面,这四个方面的物资供给绝对的过剩使得绝大多数的社会大众对这四类需求都可以得到满足,其余的就是诞生的新的需求,这些新的需求是个性的需求,其规模都无法和人类生存的基本物质需求相比,使得这些新的需求在推动经济的发展方面是无法与四类基本需求相比的。

　　(2)技术进步使得利润空间逐渐变小。对于任何一个行业而言,技术进步会逐渐变得困难而缓慢的。在一个技术停滞阶段的行业里,由于充分的竞争,那么这些从业者除了劳动的工资所得就没有利润可言,如出租车行业就是从最早的一个利润好的生意,变成一个职业,其原因就是技术进步的停滞。那么人类对于此类商品进行交换的利益就逐渐变小,人类的交换经济随着交换的发展开始走进了交换所得利润逐渐减少的阶段。技术进步导致原来技术水平的商品价格降低,在以往的经济学里叫作精神损耗。

(3)产能过剩导致经营资产大幅贬值。竞争机制必然导致商品生产技术的进步,这是因为为了得到更多的利润,那么更高的生产效率、更低的生产成本都必然需要新的、先进技术才能够完成。那么同样生产规模的商家,其生产也因技术进步,而生产能力得到很大的提高。所以市场经济的发展导致生产环节在社会中地位的降低,使得利润向原料供应、市场营销等环节传输。社会生产越来越社会化,而使利润集中到技术和品牌,只有有技术和品牌,其他如生产加工、原料开采或采购、市场营销、资金的提供都可以外包,或很容易在市场上找到。生产变得社会化,一个企业内部只有技术研发和品牌管理,其他环节都可以社会化解决。这如前所述的生产模式的变化一致。交换的充分发展,使得社会商品的生产环节的重要性和独立性大大降低,也就是生产性的资产价值大幅降低,而价值高的是技术和品牌,所以现在如果去并购或去国外建厂,如果没有技术和品牌优势而仅仅是资产,那么这样的投资可能就危险了。如中国的曹德旺、李书福的海外投资。

(4)物资过剩和经营资产的贬值使得金融行业生存艰难。传统的金融业无法应对这样的变化,而变得无所适从,尤其靠借贷为生的银行将感到无法生存,因为它们是因为交换经济处于生产是关键环节时发展而来的,它们把资金借给生产的组织者,以获取利润。但现在生产环节变得不重要了,市场上的资金可以直接和技术或品牌结合,它们把钱都赚完了,它们原来因为生产对资本额巨大需求而能够使得生息资本很赚钱,现在银行还在等着别人来借钱呢,而别人已经把交易都完成了。而且股票市场上市企业将要大幅度地减少,而债市或为某个项目而募集的基金类的金融将达到如火如荼的境界。

这样的情况会加剧稳定纸币币值的压力,经营资产和大宗商品的贬值让以纸币为支付手段的金融体系面临巨大的危机。而新增的需求所带来的生产其规模无法与这些贬值的资产与商品相比,那么交换经济就会处于不断萎缩的情形。社会上会有不断废弃的厂房及经营资产,包括有些环境条件差的城市资产都会被废弃,人们会向宜居、宜业的超大城市聚集。总体而言,生产经营性的资产规模也在不断萎缩。

(5)技术进步使得就业需求变少。技术进步使得生产效率提高,尤其是智能的动力机械的运用,必然导致人工就业的大幅减少,而交换需要每一个人都必须拥有资源与其他人进行交换,这样交换才能够继续进行。这样的情况为交换的机制运行是格格不入的。

交换的充分发展使得社会生存已经能很容易满足大众的需求,尽管这些需求由于等次不同,而使社会商品变得丰富多样,但基本的需求也就这些方面。在住的需求得到满足后,尤其是城市房地产得到充分发展后,社会大众的基本需求就基本满足了。其余的是个性需求,但这样的个性需求其规模都非常小,不能够形成社会的主导需求。

城市房地产的价格下降为一个标志,个人生存的基本需求已经基本得到满足,大规模的社会主导需求不会再出现了,有的是差异化的个性需求和人们日常生存所需的基本需求,这样的需求局面在社会生产能力极大的情况下,其交换的水平必然是不断衰落。那么社会经济将

经济的脚步——对《自然而然地生长》的补充解释之一

进入高技术商品或商品输出的时代，经济会出现暂时的停滞，直到分配经济的出现。当然个别国家可以凭借自己在技术上的优势一方面研制出新的、功能更好的产品，以维持经济的发展；另一方面向其他国家寻找市场输出产能以维持自己国内交换经济的运转。所以这时全世界的贸易保护主义会重新抬头。而且由于生产已经社会化，可以通过生产外包的形式，使得贸易保护变得力度很小。这样一些落后的国家在技术和生产能力上可以都得到发展，这样就可以减少国家间的经济水平的差距，但利润和先进的技术却会控制在发达国家手里。交换的全球化使得世界经济水平的差距逐渐减少，而使得整个世界交换经济发展空间变得越来越小。

我们现在的世界就处于交换经济已经到了发展顶峰的阶段。世界上各个国家的情况有所区别，如发达国家基本已经达到了国内交换经济的顶峰，它们只不过靠其先进的生产能力向其他国家输出交换经济的产品，而继续在沿着交换经济的方式向前滑行，只不过是其他落后国家的没有满足的需求还能够为其先进的制造业提供一些利润而已。这样会逐渐促使全世界的交换经济得到全面补齐式的发展。而对于发达国家的国内需求，其生产能力可以说是完全过剩的，所以国内的交换经济已经走向衰落。这种衰落是以一个市场的社会需求的变化为前提的，在社会的生活消耗品得到满足，人们开始向自己的资产类消费转移的时候，因为纸币的币值无法再与商品来连接，所以持有货币的人自然就将货币转向资产，以寻求保值，在商品总体过剩的情况下，货币投向资产是个自然而然的事情。一个国家内部的交换经济基本就接近了交换经济的顶峰，如目前的中国，如果一个国家的房地产价格在高位不能够再快速上涨，那么此国的内部交换经济就达到了顶峰。中国接近，发达国家也就过了高峰。这些发达国家下一步会在满足国内的个性化的高档需求的同时,去争夺那些不发达国家的消费市场,贸易冲突会不断。由于是争夺第三方的市场,那么贸易保护就无法起到作用,更多的是政治和军事的博弈,当然是适度的规模,比较未来多赚点钱,没有必要去拼命,所以今后的世界会有更多的局部地域冲突和政治危机。交换机制运行越来越困难,必然使市场经济越来越萎缩,这必然动摇资本主义的政权。所以发达的资本主义国家执政者为了维护其统治地位,他们会利用自身的优势向全球其他地区输出产能和商品,以确保本国交换机制能够正常运行,为此,他们会不惜一切代价向其他国家施压,甚至是战争,这场战争也许规模很大,也很残酷,将是人类历史上的一场灾难,但这是资本主义临终前的最后一搏。

交换的充分发展使得社会大众的消费需求能够很容易得到满足,因为其生产能力得到极大的提高,而人类新的尚未出现的需求却没有出现,尤其是社会大众一致的需求很少出现,有的只是个性化的需求,这样的需求规模太小,不足以成为社会主导需求。许多领域或社会群体现在就无法通过交换来使他们实现自己的需求了,必须通过政府的再分配才能够生存。未来这样的比例会越来越大,整个社会从事生产的人就越来越少了。

所以技术进步导致现有需求的物质过剩,劳动就业需求的减少,而人类新的需求规模变小,这样技术进步与交换机制的不相兼容,会导致交换经济的不断收缩,直至退出人类的历史舞台。

以上的不同时期是按交换的产生和作用来把市场经济进行细分的,我们还可以按市场经济的外在表现来区分,这样可以让我们更明显地对市场经济的阶段有个了解。我们按社会商品的供应情况分:①物质严重缺乏期,这个对应交换的萌芽期;②物质的短缺期,这个对应交换的扩张期;③物质的过剩期,这个交换主导期的后期;④大众商品严重过剩和极少数高科技产品的新需求期,对应交换的收缩期。这样我们更容易理解交换经济的发展过程及各个阶段的发展特点。

(五)如何才能实现成交

交换既不是人类天性的自觉行为,也不是公平的等价交易,而是在法律的强制下,买卖双方无奈的选择,是各自不得已的选择结果。这就是交换能够成交的本质原因。

亚当·斯密和重商主义者都认为市场是公平的,是等价交易;马克思也认为市场交换是人类交换人类无差别的人类劳动。实际这些学说是没有真正了解市场和交换,尤其是没有了解交换产生的原因,更没有看到全社会都必须进行市场交换来实现自己的经济需求是一个强制的社会规则。要让全社会的人选择市场交换,而不是其他方式来实现自己的经济目的,是需要政府的强权干预和日常监管的,并对那些抢夺、偷盗行为进行惩罚,对那些即使是借用市场交换的名义,而实际上变相的抢夺和偷盗行为进行大力打击,形成全社会信任市场和愿意参与市场,并愿意且相信通过市场可以公平地实现自己的目的。市场经济发展这么多年来,包括未来还必须由政府或行业监管来维护市场的公平,各个国家依然专门设立了市场监管机构,而且每个国家还不止一个监管部门,各个专业市场都有相应的监管部门,商品市场有商品市场的监管部门,金融市场有金融市场的监管部门,而且还都细分不同的专业的监管,如药品、食品、证券、保险等,没有一个市场没有政府监管的。这些都强有力地说明交换不是公平和符合人的天性的,更不是人的自觉行为,而是一个社会强制才会有的行为。尽管也有因兴趣的原因而形成的交换,但这样的交换非常少,而且绝不是个体的生存之道,因为交换涉及的每一个人都想少付出而多得到,这样的交换靠自觉形成是天方夜谭。如何交换,也不是必须等价的概念,而是如何提高自己物品的价格,压低要买东西的价格,这是一个买卖相互博弈的过程,所以公平和等价的交易市场在现实中是不存在的。所以交换的达成是法律强制的结果。

以往的经济学说里,其基本的前提是人对物有需求,而不同的物的效用不同,所以大家进行交换。这样看问题是表面和狭隘的,或许是这些大学者们都没有做过买卖的经历吧,对买和卖的理解就是停留在表面的观察层面。但真正的买卖是不公平的,因为首先买是无奈的选择。对于一个穷人和不富裕的人而言,他要实现对物的需求,他第一个想法,也许不是去如何去交换,而是偷或抢,在思考后认为此法可能带来的成本更大,所以才不得不考虑用自己劳动所得的不多的东西去和人交换。我不知道有多少人在成长的过程中,在父母不给零用钱的情况下,看到一个心爱的玩具,有多少人没有动过偷的念头。

在具体的交易中如何决策的问题。在所有的大众消费商品的具体交易中,消费者都是围绕满足即时需求和后需求而做出决策,而决定交换行为能否成功的是人的理性判断,所以市场中人是理性的,市场博弈论刚好可以证明这一点,因为博弈论的对策不可能是非理性的。高级需求并不迫切,是一段时间内的理想,对高级需求的实现并非是理性的决策,而是冲动,是不计代价的冲动,所以赚取一个人的高级需求的钱是最容易的。现实的商业策划就有人利用这点,来刺激一个人的高级需求的实现而大赚其钱的。如刺激一个穿着破旧的人购买高级物品的事情屡见不鲜。

人类与其他低等动物的区别,就是人类的所有行为都是经过大脑思考,形成判断,而后发出指令才会有行为的产生。交易中的人的行为更是理性的结果,为了满足即时需求和后续需求,人会动用自己所有的资源和智慧来形成一个对自己最有利的判断,然后才会发出愿意交易的信号。而其他像蜜蜂、蚂蚁它们是靠获得信息来决定自己行为的。人作为高等智慧的动物,他的行为不是靠信息,而是在获得信息后,结合自身的现时情况和自身的价值体系做出判断,才会采取行动的。所以同样的信息,不同的人会有不同的行为。如天下雨了,有人高兴,有人不高兴,等等,不一而足。这可能是有人刚刚种了庄稼需要雨水,而有人刚刚晾晒了东西,或者有人是南方人从小就喜欢下雨,而有人是北方人不喜欢下雨。所以人的行为是信息,结合自身所处的情况和自身已经具有的价值体系三者后做出判断的结果,不是一个随机的行为。所以人类的行为都是一个自己对自己的行为有个预见的结果或称为自我预判的结果,才会有行动的,无意之过是针对他人,当然他的预见是否正确那是他的能力和信息全面与否的问题,他采取什么样的行为取决于他的价值判断,所以外人常常不理解他人的不理智的行为,实际是我们不了解他的价值观念。人类这样理性的行为特征决定了在人类的交换过程中的交换行为特征。

一个人要购买一个东西,他首先要了解市场,就像老家的集市,一个想买鱼的人,一定会先把鱼市走一遭,问问行情,为自己购买什么样的鱼提供信息。在以往的经济学中成为信息学,实际是为交换决策收集信息的必要过程。然后他会根据自己的标准来洽谈价格;如果他是个富裕的人，他会为显示自己的优越而要买质量好的鱼，如果他较穷只是为解决生活所需，那么他可能选择质量差的鱼。这在以往的经济学中被称为目标市场，这个是由人的财富状况不同而形成的。同时受他目前的情况影响，如果他有急事急着离开市场，那么他会在了解信息后而很快成交；如果他无事，那么他会在市场上逗留更长的时间，以便结合市场的变化来决定自己的行为。同样一个卖家也会观察一下今天要卖的货物情况，如果货物多，质量好，那么他就会根据这些情况来决定自己的卖货行为；如果他急于得到钱去买其他商品，那么他会要较低的价格，以便尽快成交；如果他只是想多卖俩钱儿，那么他会等待，看看市场的变化。这就是经济学者所说的市场博弈。其根本原因是由人的行为特征所决定的。这些所有的博弈也好，讨价还价也罢，都在集市散前了解了。这个过程就是网易公开课里耶鲁大学的教授 John Geannkoplos 的《金融理论》中无形之手的六个方程的计算结果。这样的计算很巧妙，但只是解决了一个市场的横断面，没有触及市场的连续交易，也没有联系市场涉及多个产品的立体效应。

对于买者来说，市场交换无疑是一个被迫和无奈的行为选择，需求的实现在统治者确立了禁止抢掠和偷盗的法律后，拿自己辛苦劳动所得去与人交换，以实现自己不同的需求是个不得已的选择。在古典和新古典主义经济学那里市场是公平的，这种观点被沿用很多年，包括现在还有很多信徒。但市场交换明明是一个强制法律实行的副产物，随着法律的广泛施行交换也得到了发展，广泛发生的交换让人感觉到交换似乎就是人类的经济规律，是一个让全社会人都自觉遵从的规则，所以他们看到买卖双方一个付出货物，一个付出货币，在平和的气氛中交易就结束了，而且买卖双方各得所需，因此他们得出市场是公平的结

经济的脚步——对《自然而然地生长》的补充解释之一

论。其实他们没有看到市场交易还必须有政府部门进行监管才能够实现公平交换的市场,为什么这些经济学家就把市场说成是公平的?现在全世界的国家无论是发达或不发达的国家里都有管理市场的部门,对市场交易中欺诈、强买强卖等进行处罚,才换来的市场公平。即使看不到这些政府部门的存在和作用,那市场上经常出现的以次充好、哄抢买卖等行为也会不断见诸报端,为啥这些经济学家看不到听不到?他们若会思考,那么市场上一个基本的事实就是:如果市场是公平的,而且是市场自身的性质,那么所有的市场参与者都应该自觉遵守市场公平交易的规则,因为如果市场公平是市场自身的优势,那么必然是遵守市场公平交易规则的是最大的受益者,而且是适用所有市场参与者。事实上,如果不是政府法律的惩罚和强有力的监管,那些政府强有力的部门、社会的强权部门包括军队,那些社会上的无赖,他们会老老实实地拿自己的劳动成果去公平地与人换回自己所需?所以市场交换不是公平的,而是政府强制并下大力气监管才形成的一个让全社会认可并必须遵从的经济行为规则。

对于买者而言,他必须用自己的劳动所得去交换以满足自己需求的物品,价格是他不得不而且必须付出的最低成本。不得不买是即时需求的迫切需要,而最低价又是巨量后续需求不得不考虑的策略。

对于卖者来说,尽管表面上情况复杂一些,但其行为决策实际也是即时需求和后续需求的主导,使得卖者不得不一方面尽量卖高价,一方面防止被套牢。①卖者是从买者不得不买的行为选择里看到获利机会。是看到有人需求,可以把自己劳动所得较多的东西卖给别人,然后可以满足自己其他的需求,以使自己的生活更丰富或好一些。这是为买而卖。所以在表面上看买卖双方是和气的协商,双方愿意才能够达成的交易,是一桩公平的买卖。实际卖与买的动机都是不同的,各自盘算着如何在这个交易里取得最大的效益。②卖者可以有少许的选择余地不像买者是不得不买,他可卖也可不卖,起码暂时可以有这样的余地选择。而买者没有。③在交换成为广泛的经济规则后,卖者可能被套牢。因为卖者为他提供的产品付出有劳动或财富,他是有成本的。

所以市场的参与者实际是买卖之间的博弈,是双方为达到自己目的而进行的博弈。包括:①掌握的信息不同。②各自的成本不同。③动机不同。④各自的现时情况不同即目标是否急迫等现实情况。在此情况下双方进行博弈,其目的都是为了获取更多利益。那么对于买者要在满足即时需求和兼顾后续需求的情况下做出选择,而卖者则在满足后续需求而卖高价和被套牢之间进行选择。如表 5-1,买卖双方的决策表格。

表 5-1

行为选择\情况\项目	行情		目标的急迫性		获得成本		替代品		获取难易程度	
	↑	↓	即时	后续	大	小	多	少	难	易
买者	立即行动	等待	立即行动	等待	犹豫	立即行动	等待	立即行动	立即行动	犹豫
卖者	等待	立即行动	立即行动	等待	犹豫	立即行动	等待	立即行动	立即行动	犹豫

(六) 成交的价格

由于即时需求和后续需求的存在,买卖双方都不得不努力促使卖或买的交易达成,价格是双方各自对未来物资的供给行情的预测看法接近和利益达成一致而妥协的结果。价格主要与市场中的货币总量与该商品的获得的难易程度有关,由二者共同决定。

交换能否达成的关键就是价格,在即时需求和后续需求的压力下,在法律的强制下,价格的形成是个多方的博弈过程,无论如何博弈,所有博弈的结果最终一定是体现在成交价格上,能够成交的价格说明是买卖双方均认可此价格,也是双方在穷其所能的情况下而不得不接受的妥协结果,否则,要么是消费不能够实现,而要挨饿受痛苦,要么商品无法卖出而忍受亏损。

价格对于买卖双方却有不同的意义。而对于买者来说,由于法律的存在和需求的必须满足决定了他必须买,所以交换中买方的购买行为是无奈和被迫,在物质匮乏而需求多样性的情况下,即时需求决定了交易的紧迫性,而后续需求决定了买家需储备一定的货币或物资。所以任何一个购买者都会想方设法尽量少付出而多得到,这是他其必然的选择。没有一个买家会为了一次交易而愿意去花费很多,那样将意味着其他需求和今后的需求不能够得到满足。所以在这个过程中,价格对于买方来说就是为不得不得到的此物而尽量付出最少代价,也就是在他不得不去获得此物的情况下,而不得不为此物的获得所必须付出的最低成本,因为,除此之外他就无法得到此物,这就是他愿意成交的价格。他会穷尽自己的能力和手段来了解更多卖家的货物信息,或者其他能够获得此物的渠道,比如附近市场此种商品的价格等,他最终会在认定除此价格为最低成本外,无法获得此物的情况下才会决定成交。我们可以把买者对货物价格的认同,定义为买者获得此商品的难易程度正相关的函数,就是说越难获得的商品其价格越高,反之,亦然。见成交价格意愿图,如图5-1:

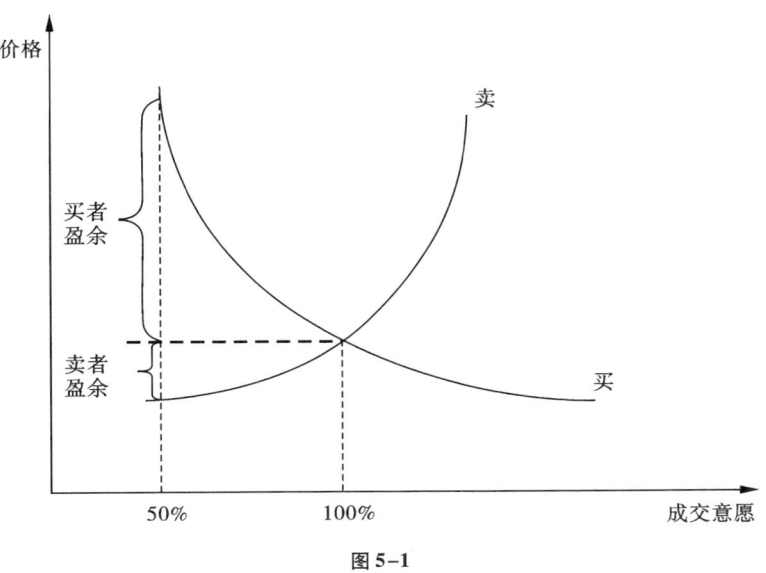

图5-1

从图中可以看出,对市场价格都熟悉的买卖双方,容易成交,尤其是同行业的从业者之间成交相对容易;而不同行业的买卖双方成交难度大。因为彼此的心理价位差别比较大。

当然现实中没有那么复杂,由于市场存在的时间较长,许多市场参与者长期在市场内活动,对于商品的价格行情都是非常熟悉和了解的,而不是每天都需要进行一轮博弈的,要对各种信息进行收集、分析,然后再进行交易。他们基本是按照其掌握的市场行情进行交易,这是市场的惯性,在没有重大的事情发生时,市场就是一直按照这个惯性进行运作的。由于对市场行情的了解,买卖双方的成交就相对简单一些。对于买者来说,他们认为此市场的价格就表明了包含了商品的所有信息,因为,如果周边市场的价格和此市场有区别,那么一定会有人知道,并已经影响此市场的报价。所以购物者只需对此市场的商品进行讨价还价即可。

而对于卖方来说,其目的就是能够以此物获得最大利益。因为,如果是作为一种生意或非娱乐性质的交换行为,那么他对此物是付出了成本,而价格是决定他是否被套牢的关键。如果价格低于成本,那么他必然亏了,他未来的生存保障就会出现问题。他们都想价格高于成本,而且他也是基于价格高于成本或价格会进一步下降的预测,才会出卖此物的。因此,卖家也一定会尽其所能去了解周边市场此物的行情,并了解其他此物供应者在此市场的情况,以便决定自己是降低价格尽快出货,还是待价而沽,抑或加大存货量。他在掌握这些情况下会对买家的出价做出回应,这样能否成交就看两者的判断是否一致。如果一致就会成交,否则,还待讨价还价即再次博弈,一直到成交为止。这看似是双方博弈的结果,但成交的关键却是看买家是否认可这个价格即他是否真的去掏这个钱。对于卖者而言他可卖或可不卖,但购物者只有买这一选择,不买就不能满足消费,如果有其他更低的成本能够实现这个需求则是不必购买,但现实中却是没有的。但在具体的交易行为中无论什么情况,只要买者不掏钱,那么这个交易就无法达成,我们许多人显然是需要很多商品的,不是他不想买,而是他没有经济能力,所以许多货物就在那摆着而不能够成交。这个具体交易无论是短缺经济,还是过剩经济时期,买卖都是由买者的最终认可而成交的。这就说明了无论双方如何博弈,成交的前提是买者有足够的支付能力,当然,在短缺经济的时候买方是积极要求成交的,就这仍然还有个支付能力的问题,没有达到卖者的要求,自然也无法成交。所以真正决定能否成交是购者在有足够支付能力的情况下获得此物的难易程度。当然,这里也有个卖者对行情的预判和被套牢的惧怕,那么他也会做出价格让步,但这个让步也必须是买者的认可才能够成交。

以往的经济学说里各种关于价格的学说,我认为都没有深刻把握交易行为的内在动因,没认真弄明白搞清楚而有失偏颇。他们主要看到的是即时需求,看到了即时需求时物质的满足对人解除即时需求痛苦的重要性,于是产生了效用说、价值说等不一而足。我们可以详细地讨论一下有关价格的以往理论,以便我们能对市场交换作更深的了解。

1. 价格是价值体现的学说

我始终认为,在经济学里"价值"一词是个多余的概念,而且是个语义混乱的概念。在英语里"价格"和"价值"一词区别较大,没有联系;而在汉语里"价值"一词和"价格"似乎有些关联。从字面上理解"价值"就是"价格究竟值多少"的意思。以这个意思我们可以从两个方面理解:一是成本法,就是这个商品的成本在这里存在着,那么它的价格究竟值多少的意思;二是比较法,不管你成本多少,同样或同类的商品的价格在那里成交着,你这商品的价格又能值多少的意思。所以以中国的语法,价值就是这个商品究竟值多少钱的意思,似乎让人容易理解为商品本身值多少,而不是价格是多少的含义,把还有与市场比较的意思忽略了,在一般的情况下都是指第一层的意思。这样的情况导致"价值"一词在汉语里有些被滥用,似乎商品本身存在一个值钱的内涵，而且这个值钱的内涵既不是价格，也不是成本，但就是商品本身能够值多少的意思，这样凭空给商品多了一个既不能够用价格表示，又不能够用成本表示，而且还能够对价格有影响，包含价格因素的东西，我们不知道它究竟是个什么东东。这种"价值"一词的滥用使得人们在日常生活中动辄就是这个东西或事情有没有价值，或者把许多事情都赋予价值说来考量值不值得去做，这样的情况导致对市场经济思维的影响，让人们总是想去探寻商品似乎内在的本质所含的金钱因素，而不去探寻商品究竟能够在市场上卖出多少价钱，这对从事市场活动的人来说是个很大的影响因素。其实应该按第二个意思来运用"价值"一词，这样有助于市场经济的考量，有助于我们按市场销售的方向来决定自己的市场活动。

在以往的经济学里"价值"一词所指也是不断变化的，指过价格，也指过成本，但比较多的还是指毛利润。它主要是指商品出售的价格—为商品的劳动成本—生产资料转移过来到商品的费用，然后得到的余额即利润。古典经济学派的经济学家们认为利润由劳动创造的，包括工资、利润等都是由劳动创造的，他们把这二者合计说成价值，这样主要是要体现利润是由劳动创造的意思。这表明了这些经济学家没有真正搞明白交换经济的原理，没有搞清楚利润是如何产生的，他只看到了人的劳动在商品生产及销售过程的重要作用，因为没有人的劳动这一切都是不可能存在的。而且由于他们处在短缺的经济时代，商品不愁销售，只要能完成商品的生产，那么销售就不成任何问题，只要销售就可以获得利润，因为商品奇缺，售价一定高于成本，这让他们更加坚信利润就是劳动创造的。但他们没有看到在过剩经济时代由于商品生产过多，商品的售价远低于其成本，许多商家和个体经营者把自己原有的财富都赔了进去,那么这个价格如何带来利润?劳动创造的价值又如何体现呢?因为与短缺经济时代比,同样的商品生产付出的劳动得到的却是大额亏损,所以劳动创造利润的说法是错误的,他们把价值当作商品交换过程中定价的依据,而价值又是由劳动所创造,这本身就是个因果关系不清的说法。虽然所有的商品都是由劳动创造的,我们享用的是物质本身具有的功用,而非其中的劳动,尽管似乎是同样的劳动给人们带来的物质数量或功用不同,但这也不是通过劳动向所生产的商品传递的价值所决定的。是生产不同商品的技术水平或生产不同商品的资源的稀缺程度决定的,就是说由生产不同商品的难易程度决定的,这个生产的难易程度决定了人们在市场上获取不同商品的难易程度,那么彼此的交换价格自然就会形成差别,所以是劳动创造了商品,而商品是人存在之必需,由于商品生产的难易不同导致在市场上获取之难易不同,因此会有价格的区别。

市场交易本身就是一个博弈的过程,而且是个开放、自由决策的过程,每一个人都会根据自身的需求和获取所需商品的难易来考量和决定付出的成本。在交易中没有人去考虑这个商品的成本多少,应该给它定出什么价格,让它得到多少利润或保住本钱,然后再在这个价格上进行交易。只考虑这个商品是否容易得到,还是不容易得到,由此引发要付出什么样成本的考量。只要商品容易获得,没有人会出高价,反之,亦然。这就是价格形成的全部过程和内容。没有人能够在市场交易中为市场的交易搞个定价的依据。事实上在市场的交易者中,谁也没有考虑过商品价值的这个因素,所有考虑的只是获取的难易程度和必须付出最低成本是多少能够得到这个商品,因为需求是客观存在的,只要你不满足它,那么它依然存在,并且随着这种需求得不到满足的时间越长,这种需求变得就越强烈。由于误判了市场上商品获取的难易程度,那么他把市场上较易于得到的商品而去花较大的成本去得到它,那么他自然就亏了,所以,市场上商品获取难易程度的变化是使得有的人亏得一塌糊涂,有的人赚得盆满钵满的原因。

市场不管你持有商品的价值是多少,如果市场考虑价值就不会有人亏钱了。当然有人会说价格是围绕价值波动的,上述的这段话应该按照这个意思来解释,如果价格真是按价值为中心波动,那么投资就简单了,只要价格低了,我们就买嘛,反正它要回到价值这个中心的,只要等待就不会有人亏钱了。这样炒股票或期货,岂不非常容易赚大钱了,也不会有爆仓的事情发生了。事实是有些商品就一直降价,直至商品淘汰出人类需求的范围,如钉马掌的,你能够说现在钉个马掌不需要劳动付出,那么这样劳动的价值哪去了?过去、现在以及今后还有许多商品会一直降价,直至出局,尤其是电子产品。那些所谓具有价值的商品,结果在市场上一分钱也换不回来了,所以,在市场上如果一直抱有商品是有价值的投资观念去投资,那么你一定会输的连个裤衩都不剩。

出现价值理论也很好理解,由于当时处于商品短缺的时代,所以有此理论也不为怪。而且这样的做法类似于厂家的成本定价法,这是没有市场经验的经商者基本的经营方法,把自己的成本和劳动计算进去以后加个想要的利润,然后上市出售,再在市场上看别人的价格进行调整,这个情况应该多出现在交换扩张期的前期。

其实要把价格和劳动的关系说清楚,必须要把利润是怎么形成的说明白,而且要把货币在经济中的作用说清楚。这两个问题在本书的稍后章节中都有详论,这里不再赘述。这里只强调一点,价值理论是只看到了劳动在经济中的重要作用,没有明白劳动是如何在经济中起的作用。这个问题会在财富的转移和沉没的章节中详述。

2.边际理论价格理论

边际理论认为:"商品的价值取决于效用。"(尹柏成《西方经济学说史》,第二版107页)。这种说法是不对的,在具体的消费行为上任何个人的需求实现都是先得到数量的满足,然后再是质量和档次的满足。这就是具体消费行为的需求等级,这个特征决定了市场上商品的价格变化只能是一个趋势,而不是随机变化的。那些边际效用的经济学家在价格问题上的表现就像是只知道吃饭的经济学家,而且按他们的理论,人生的全部需求就是吃一顿饭,最多就是吃一顿饱饭的人生,这显然是不正确的。按照边际经济学家的理论商品的价格变动应当是随机的,而且是因人而异的,这显然不符合市场的实际情况。边际经济学家或许已经意识到自己在价格问题上的错误,所以他们没有把效用递减作为商品计价的依据,而是把最后一次消费效用最低的增加的商品量来作为计价依据,这实际已经有了购买总量决定价格的意思,但边际学家们关注的只能是个体,而每一个个体的购买量实际是无法左右市场商品的价格的,必须是一个有限的市场内的所有购买总量才可以决定某个商品的市场价格。而且个体的不同购买量无法作为市场商品价格的依据,因为我们不能因一个人的购买量大就向他要高价,而向购买量小的要低价,那样市场上的商品价格就因人而异的,是个随机波动的结果。所以边际学家的价格实际是只考虑了需求的一方,而没有考虑供给这一方的情况。对于供给者来说无论需求者对效用的感受如何,他能够多卖商品才是他的希望,他不关心需求者的效用感受。市场买卖过程中虽然是双方博弈的结果,但也不是随机波动的结果,价格在一个市场上总要有一个相对稳定的数值,而不是随机波动的。那么商品的

经济的脚步——对《自然而然地生长》的补充解释之一

售卖价格在同一个时间内是相对稳定的,不会因为这个人没有得到一定效用而卖给他价格高,而对那些已经有过一些消费效用的人就售价低。这种理论就是要对购买量大的卖高价,对购买量小的卖低价,就像一个卖馒头的,对于饿得很的人要高价,对于不是很饿的人要低价。这种情况的发生,应该是在交换的初期。这样的理论看似是价格的解释,实际还是对产生交换原因的探寻,他们还是把需求尤其是急迫的需求看作产生交换的原因。事实上市场对于购买量多的会实行多的优惠,而对购买量少的不实行或实行少的优惠,而现在社会物资丰富,同样功用的商品商家还会实现差别化的策略,反过来说是要对那些有钱人要卖价高,对没钱人要售价低,这是营销学中的价格歧视理论。但我们也不能够说边际经济学家是完全错的,只是他受到所处时代的局限,这也恰恰证明了人的需求实现是有秩序和等级之分的。

在具体的交易中,交易的参与者如何根据自己的需求满足程度来出价,而不顾市场的商品供给情况?他这样说等于是交易的价格完全在于某个人的感受,市场是非常容易随机变动的。事实是市场不是随机变动的,在商品的供给没有超过需求的临界值之前,价格是一直上升的,甚至在超过临界值以后也会有一个短暂的上升,因为商品的供应商多数是通过价格来判断市场的,价格高企就会吸引很多人不断加入商品供给的队伍里,直至过剩,出现价格下滑,才会开始出现供给者的退出。中国的农产品市场很能说明市场的这个特点。所以市场的价格是一个趋势,而非随机变化的。

另外,效用是种体验,或者说是消费所要达到的体验结果,不是具体的物品,达到这个效果的方法可以有很多种,很多且不同的商品都可以达到一样的效果。如粗面馒头、细面馒头、别人的剩饭,还有高档餐

五　市场经济

厅提供的新鲜而高级的食物,这些都可以达到使人不再饥饿,那么我们如何用效用来决定价格?或者有人说,你只要让我吃饱,我就愿意出多少钱,这样直接以达到效用来计价,不行吗?如果这样恐怕要把卖家乐死,而把这样的买家气死,这种只有消费结果的交易能否行得通,就不用再分析了,我们现在社会在交易的合同中约定得再细不过了,用什么材料,什么功能,什么型号,等等,就这样买卖双方还会对簿公堂,想想如果按商品效用的交易怎能够成交,双方还不打起来?

再者,这样的理论实际仍然是把人的交易建立在满足人的即时需求的过程上。实际人的需求绝不是一次即时的需求就能够解决了的,人有巨量的后续需求,边际效用的理论如何来解决这个问题?边际效用建立在效用递减的理论基础上的,这是在一个人的一次即时消费中才能够体验和计量,如一个人在吃苹果,第一口的效用最大,而第一百口的效用可能就是负效用了。但在巨量的后续需求消费你如何体验效用递减呢?有些人死后的葬礼还想办得风光无限,你怎么去体验效用递减。

这种理论产生的理由,他们既继承了短缺经济时代的看法,又包含了他们当时经济的情况。在之前的一个物资匮乏的年代,使得当时的许多经济理论工作者都看到物质效用对人的作用,认为物质效用对人的重要性,而人得到的物质的效用是逐渐减少的,市场上的交换是交换商品的最后效用程度。而且戈森还把商品效益的重要性进行列表。这种情况只能发展在一个收入勉强够自己生活所需的人的生活中,他要把自己仅有的钱安排好自己的生活所需,以免出现挨饿受苦的情况。在经济发展后社会普遍富裕后这种局面就不会存在了。当然他们的理论也是解释了一个时期的经济现象。这种理论就如"倒吃甘蔗"。而

经济的脚步——对《自然而然地生长》的补充解释之一

在19世纪50年代,市场经济的发展也就使得经济走出短缺时代了,开始向相对丰富的时代转变,那么商品的价格开始有不可逆转的下滑趋势,这个价格的变化让杰文斯这样的经济学家发现了,并提出效用递减的理论来试图解释价格下降的现象。这样的理论出现都有其必然。

3. 均衡价格理论

均衡价格理论并不适用所有的产品或商品的不同时期的。在一个没有技术进步可能的市场里,而且这种商品还必须是人类需求的,这样的商品市场最符合均衡价格理论,如成熟的出租车市场,由于没有技术含量,所以这个市场的供给和需求完全受价格波动来调配,而实际这样的市场从业者也是没有利润可言的,他们只是通过自己的劳动来换取自己生存的成本而已。当然低端的许多产品,尤其是粗加工的原料商品大都符合均衡理论。但是在一个高端市场和技术进步较快的市场里,均衡的理论就不符合这个市场的情况。前文已经有过论述,有些商品由于技术的进步而被淘汰出人类需求的范围,其价格就无法去探讨了。

4. 资源稀缺原理

资源稀缺是暂时的,只要技术进步一定可以解决资源稀缺的困境,人类有上万年的生存历史了,到现在物资不但没有减少,反而物资却比古代丰富了太多,而且现在的人口远比古代多得多,人类现在对物资的消费也比古代多,但也没有见物资变少,人类生存的地球也没有变大,所以说资源稀缺只是个暂时性的,是受当时的生产技术水平所制约而导致的。

尽管资源稀缺是暂时的,但这个暂时的因素也会导致利用此资源生产的商品的价格上涨,因为它导致此商品的获取难度加大了。但如果按资源稀缺不是因技术所限导致的暂时性原因,那么有的商品价格就应该涨到天上去了,或者某个商品的价格就只涨不降,但事实上我们人类历史上从未出现过这样的情形。而且由于资源的暂时性稀缺,它的价格暂时一定会很高,那么就会吸引人去努力加大投资力度,去研究开发这个资源或替代资源,从而解决这个资源暂时性稀缺的问题,那么商品的价格也就自然会降下来了。

资源稀缺其实是技术障碍造成的,因此,把资源稀缺作为一个理论原理实在是太牵强。资源的稀缺可以被技术进步所化解,如果一个资源是稀缺的,那只能说明技术还没有达到一定水平,包括利用替代资源的技术,也没有达到一定水平。只要技术达到了,那么资源稀缺的困境就自然而然解决了。所以资源稀缺决定商品价格的本质还是商品的生产技术的难度决定商品的价格。一个商品的生产技术越是高难,它所产出的产品就必然少,那么市场上获得此商品的难度系数就大,它的价格就高。同样随着技术的进步,原先技术的成熟和普及,生产其产品的产量就会变大,市场获得此商品的难度系数就会不断变小,那么此商品的价格就会不断下降。

5. 货币投放与价格的关系

还有一种价格理论,认为价格是受市场投放的货币总量的影响,这种说法说它对也对,说它不对也不对。因为如果从市场总的商品价格上来说,这个说法是对的,市场货币总量的投放与市场总的商品的价格水平是正向关的,其实也只能仅指价格的货币数字发生了变化。但如果我们从纸币的本质来看,这个说法是不对的。因为货币和商品是相互度量的,纸币本身没有价值,它的价值实际是借对物品的度量来体现的。对于同一个市场,我们投放 10 亿元的货币和投放 100 亿元的货

经济的脚步——对《自然而然地生长》的补充解释之一

币,对于市场内的不同商品我们无非是改变了各自不同的价格的货币数字而已,其实不改变各个商品之间的比值关系。按照本书的意见,不改变商品获得难易程度的比值关系。

货币的投放影响商品价格,对一个市场内的某个具体的商品这个说法也是不全对的。因为市场的商品是个相互联系的体系,没有人能够从市场中把某个商品单独列出来,而成为一个独立的市场,而后对这个单独的市场进行与其他商品都没有关联的货币供给或减少,尽管现在说定向精准调控,但在货币供给政策这个层面,还是无法做到把某个商品作为一个独立的市场进行调节的。市场中的不同商品的存在,就像一个生态体系中各种生物的存在一样,各自按各自的生长周期进行生长,而且彼此依赖,才成为一个生态体系。在这个生态体系里,比如有的生物是春天发芽生长,而有的却是冬天才发芽;等等,在这个生态体系里对于雨水的需求却是一样的,就像市场的所有商品都是依赖货币的供给才能进行交易一样。但在这个生态体系中你无法只给某个生物下雨,而不让其他生物得到半点雨,所以对于一个生态体系的降雨,尤其是经过一段时间干旱后的降雨,无疑是所有生物都能够得到的,但就是这样的同样降雨却会让这个生态体系中的生物,有的立即发芽,有的迅速长高一大截子,而有的却因为这场雨水而很快就结束了生命,因为各种生物的生长周期是不同的。市场上供应货币对于不同商品的效果也如同这个生态体系的降雨是一样的。如在中国20世纪八九十年代的市场,一投放货币就会让各种电子产品的价格上涨,而在21世纪初的市场,投放货币就会让家用汽车和房地产价格火爆,而电子产品的价格却不断下降。在某一时间点上对一个市场投放货币,市场内的商品价格按此时点上的获取难易程度的比例不同,分摊增加投放的货币总量,而新的价格关系,随着货币的投放会改变各个行业的生产状况,自然也会改变各个商品获取的难易程度,那么,商品的价格会迅速以新的商品难易程度调整其价格。而这个价格又会进一步影响行业的生产调整,而行业的生产调整自然会影响商品的供给,而改变各个商品的获取难易程度,如此,一轮轮的循环。

市场交易的价格形成机理实际十分简单:一是需求的存在,这就意味着必须去交换,关于为什么必须交换本书已经多处论述,此处不论述了。二是获取的难易程度。难,就必须多付出成本;易,就少付出成本;与其他所有的因素无关,即使有关也都体现在获得的难易程度上了。实际上许多商家就利用这个理论来赚到大钱,比如限量版的车、包,甚至有的特殊餐厅也是每天只卖一定的数量,这就是提高了获取的难度,自然你就不得不掏出比平时消费要多出很多的钱,而且还以为是物有所值。所以本书认为实际价格就是获得商品的难易程度决定的,供求关系也是反映获得商品的难易程度的一个方面,没有一个价值中心作为价格的指导,有的只是成本和价格,这是为人们交易中核算是否赚钱的依据,而非是否进行交易的依据,最多成本是个可否进行交易的参考因素。

市场交易的双方为了能够达成交易,双方会极尽所能地进行比价、挑货,并想尽一切办法试试除了拿己之所有去交换,还有没有其他更低成本的办法来获得此物,所以能够成交绝对是交易双方理性判断的结果。对于买者,认为这是最低的价格;对于卖者,这是目前最好的价格,否则,将会受到损失。所以价格是买卖双方为能够获取此物付出的最低成本和得到的最大收益的结合点,错过这个时点的价格对于买者来说就要饱受即时需求无法满足的痛苦,对于卖者来说错过这个时点的价格就会为他带来损失。成交原理参见成交意愿图。

因此，交易中成交的价格绝对是理性的结果，同时市场参与交易的双方又都是可以自由决策的，买与不买，卖与不卖，给什么样的价格，出多少钱，卖或买多少等一系列的交易决策都是自由做出的。所以我们就很好理解为什么在经济学历史上先后出现了重农主义、效用决定价格等学说，更有甚者，把商品的功用分出不同的重要等级来进行消费决策。这是因为在当时的物质匮乏的时代，市场交易的理性和自由决策使得每一个人都努力想用最少的付出而得到最大的满足，以至于出现了上述那么多关于此类现象研究的经济学问。

但本书以为商品的成交价格其实很简单，就是与此商品在市场上获得的难易程度和市场上的货币总量密切相关。这个难易程度可以包括很多内容，如资源的稀缺、技术的低下等可以使商品供给发生困难的因素，最后都可以宏观而简单地表现为商品获取的难易程度不同。所有商品的难度系数乘以各自商品总量得出的总和，这个总和除以市场的货币总量就得到商品的价格基数，某个商品的价格就是其难度系数和价格基数的乘积。当然，这样的价格形成还必须是限定市场内的所有商品都必须通过交换才能够来实现个体之间的物资转移。

如果一物容易获得，而不需要付出代价，那么没有人愿意为此付出成本，无论它对人来说是多么重要，比如空气。所以交易中商品价格与物的功用及对人的重要性都没有一丝关系，人们获得此物除了关心此物能够对人有用，即是否需求，其次更关心是否容易得到，需要付出多少代价。一个不需付出代价的物质无论多么重要，没有人去为它付出代价，那么它的价格就一直会是零。

当然，有人会认为商品获取的难易程度和商品的供求关系不是一样吗?有些关联,但不是一样,因为商品的供求关系解决的是单一商品市场价格问题,而商品获取的难易程度却是解决一个市场中所有商品之间的价格关系。如果再和市场的货币供应量相联系,那么整个市场的货币与商品的总的关系就很容易弄清楚了,这有利于宏观地把控整个市场。

关于以往的经济学说中说,价格是商品中凝聚了人类劳动,是等价交换这样的说法。其错误是显而易见的。因为一物之交换能否得到成功,取决于买方对此物是否难易获得,如果一物满大街都是,那么又有谁愿意去为它的重要性和其中凝结的劳动付出一样的代价呢?这样的理论只在书本中会有,而现实中从不会发生。商品中凝结的劳动会对商品的价格产生影响,但这最多是卖家的一方意愿,而且是在价格低于成本时的意愿。如果能够卖价较高,试想,他会按成本卖吗?而如果商品价格低于成本,那么他想收回对商品付出的成本,但又有谁会出这个价格去买呢?所以商品的成本或许是双方形成交易的考量,但是否交易成功,仍然取决于此商品获得的难易程度。

同样,商品所内含的效用无论对人多么重要,但也得取决于它是否易得,而决定了商品的价格。

所以市场经济的基本原理非常简单,就是需求的存在决定了必须付出,满足需求的难易程度决定了付出成本。当然,满足需求的难易程度除了可以交换的制度形成外,难易程度反映在价格上,而在没有形成交换制度前,满足的难易程度首先是社会制度,其次是资源,然后是技术水平。这里我们不再一一论述了。这些制约的因素就是财富集聚的地方,我们可以循着这个思路去寻找我们的生意。

商品获得的难易程度我们也是可以度量的。我们把一个有限的市场中的所有需求者能够获得一个商品的数量,就可以简单地度量出一个商品获得的难易程度。如故乡码头中商品 A 和 B。如果在这个集市上 A 只有一个,而 B 却是每人都能够得到。那么 A、B 的价格就会不同。我们把一个集市上所有人只能获得一件商品的难度系数定为 1,而把一个市场中所有人都能购得到的商品且不需付出代价的商品的难度系数定为 0。所以一个集市中的商品的难度系数就可以以此为依据进行确定它们的线性关系,而得到每一个商品的难度系数。假如我们知道 A 即最难获得的商品的价格是 $P(A)$。那么其他商品的价格就可以是 $P(i) = R/(N)P(A)$,其中 R 是商品的难度系数,N 是正数的幂方程,和一个市场的人数有关。

如果我们知道投入一个市场的货币总量,那么我们就可以据此确定在一个市场中各个商品的价格。因为各个商品的价格乘以商品数量的总和应等于一个市场的货币总量。即 $W = P(1)N(1) + P(2)N(2) + \cdots + P(n)N(n)$,其中 W 是一个市场的货币总量,$P(n)N(n)$ 是各个商品的价格和数量。(表 5-2)

这里最重要的是 N 和市场人数关系的确定,比如一个 1 万人的市场中,其不同的商品价格和难度系数的幂次关系,和一个 10 亿人市场中,其不同商品的价格和难度系数的幂次关系。这个幂次应该是个经验值。这个幂次的确定是不同商品价格关系的关键。我们也可以进行不断的测试,得出一些经验值。当然这个工作也是十分的繁杂和专业,不是我一个人能够完成的,希望有兴趣的专业人才一试其真伪和有用性。

五 市场经济

表 5-2

数量关系 \ 项目 \ 商品	市场内的数量	难易系数	修正值
甲	$1/Z$	1	1
乙	$2/Z$	X_1	N_1
……	n/Z	X_i	N_i
……	$(Z+d)/Z$	0	0

说明:

①Z 为市场总人数 $1/Z$ 说明在 Z 人数的市场中只有一件商品,以下类推。

②当 Z=100 万时,N_i=2,当 Z=1000 万时,N_i=3,当 Z=5000 万时,N_i=4,当 Z=1 亿时,N_i=5,当 Z=10 亿时,N_i=6,$X_i=1 \times (1/Z/2/Z)^N$。

③N_i 的表示只是一个思路,可以通过实际商品的数量和价值关系测算,然后得出一个方程,这让有能力和有兴趣的人去完成。

  同时我们还要看到商品和货币是个相互度量的问题,我们在讨论商品的价格时,基本上是假定市场的货币是个固定的总量,或假设货币的获得难度远大于商品,这是我们讨论商品价格的前提。如按我们关于商品获取难度绝对商品价格的说法,那么如果货币的获得难度变小或者比商品的获得难度更小,那么货币是必然要崩盘的。所以价格的问题,我们要考虑这个互相度量的问题,包括金银作为货币时同样存在这个问题,只不过金银的总量增长是困难的,所以金银的货币体系不会崩盘。但金银已经不可能再成为流通货币了,这个问题在以后章节里再论述。

  本书是简化了商品交易的复杂情况,而是仅仅就商品在市场需求者中的数量来进行幂次方程关系。而且本书把商品获得的难度系数就仅仅归结为商品生产技术的难度系数,二者正相关且和其他因素概无关系。看似简单,但实际可以解决以往经济学理论那些复杂而烦琐的问题。

决定商品价格的本质还是商品的生产技术,一个商品的生产技术越是高难,所产出的产品就必然少,市场上获得此商品的难度系数就大,那么它的价格就高。同样随着技术的进步,原先的技术的成熟和普及,其产品的产量就会变大,市场获得此商品的难度系数就会不断变小,那么此商品的价格就会不断下降。

所以商品的难度系数可以用技术的难度系数代替。假如在一个市场中某个商品的生产技术只有一个人会,和所有的人都会这样两种极端的情况。我们把只有一个会使用的生产技术难度系数定为1,把每一个人都会的生产技术难度系数定为0。如此各种商品生产的难度系数就可以确定了。然后用技术难度系数代替商品的获得难度系数,就可以通过技术的难度系数得到商品的价格关系了。技术难度系数的测算,可以参考商品获取的难度系数,这里不再列表。

(七)交换的作用

交换分为两种性质:一种是两个拥有不同物品的人之间,出于个人的兴趣或爱好而进行的彼此物品交换,这纯粹是个人之间的爱好使然,是一种娱乐式的交换;另一种就是以交换作为社会大众实现满足自己需求的一种方式,是社会大众必须遵守的行为规则,本书指的是这个意义上的交换,也即是市场交换。

五 市场经济

作为社会的一种经济运行规则,每一个人都必须以自己掌控的资源,去同别人掌握的资源进行交换,以满足自己即时或后续的需求,这个交换活动数量巨大,范围广泛,涉及社会中的每一个人,而且不断重复,能够重复存在的时间会十分长久。这样规模的经济运行规则,其长时间的运行必然会对人类社会经济,乃至政治、文化等各个方面产生很大的影响。就像故乡的码头集市发生的每一次交换都可以满足人的需求,对市场内的消费发生转移,对物资的生产和消费产生影响,对于技术的进步都有着影响,可以说对市场内的每一个因素都会产生影响,就这样促进市场内行业的发展与更新,促进技术进步,促进财富发生变化。这样一次次的集市交换就像太阳每天对地球的照射一样,一天天的照射,不知不觉中各种生物都成熟的成熟,萌芽的萌芽,地球上的生物体系在不停地变化更新。

交换对市场的作用是全方位的,连续不断的交换会使市场发生不停的变化,而且是涉及市场所有因素的,最终会导致交换的法律或政治基础发生改变。但我们主要对其经济方面的作用进行讨论,其他问题本书不去涉及。

而交换对于经济起到的作用也是多方面的,但最重要的作用还是使市场参与者之间发生的财富转移。由于通过发生交换使得参与交换者之间不断地发生财富转移,这种财富转移又极大地影响到参与交换者后续需求能否顺利实现,所以交换的财富转移作用又使得市场参与者积极参与市场竞争,并努力从市场交换中获取更大的利益,从而使市场形成了竞争机制,成为推动市场生产和经济进步的动力,这种财富转移的不断变化也不断会改变社会状况,不仅可以影响每一个人的下一步交换,而且最终可以导致社会状况发生根本性的变化。当然交换还

有其他方面的作用,本书认为主要有以下两点:

1. 满足个体之间不同的物质需求

市场交换最直接、最现实的作用就表现在可以通过交换来实现社会大众不同的即时物质需求。社会的各色人等都可以通过交换这个方法来实现自己不同的、多样的各种各样的物质需求,如粮食、衣物、车辆等,在同种类的物品中又有不同的质量、品质或特殊的功用,这些纷繁复杂的各色需求都可以通过市场交换而能够很好地得到实现。人们可以通过市场交换实现各得其所,使自己能够很好地生活,物资也都能够得到自己应该去的地方,可以使不同的物资发挥最好的效用。市场交换为更广泛的、更大的人群的不同需求提供合适而便捷的实现方式。这个现象迷惑了很多人,包括许多经济学家都把人的不同需求当作交换产生的原因和动力机制,而且把人的需求都归结为即时的物质需求,并以此来建立市场经济学的理论体系,而导致基本理论基础的错误,使得这些经济学家不得不把人假定为自私的天性来解决市场经济的交换的动因问题。同时这样的现象由此让很多人对市场大加推崇,认为市场是最好的制度,是资源配置的最好方式。

市场是资源配置的最好方式,这个论断在逻辑上是不通的,因为这里他添加了一个假设的前提,那就是需求者都有足够的购买力。如果没有这个前提,你如何做到资源的最好配置?起码是需求者就无法满足自己的需求,那么卖者也就无法出清自己的货物,由于卖者的货物无法凭空得来,是有成本的,那么无法出清而且又不能够完全自用的话,那么他要么被套牢,要么就是亏损。这两种情况都严重阻碍了资源配置的运转,使得市场发生停滞。

五 市场经济

2. 财富转移

为了使交换能够顺利进行,产权私有是必备的前提条件,产权私有为市场的财富转移提供了条件。通过法律对产权的私有进行保护,使得交换的严肃性和紧迫性都得到加强。任何人的私有产权都不准别人侵犯,那么对于物品的需求,不去交换就没有办法得到,所以这样的紧迫性和严肃性促使每一个人都会多得到私有财产或拥有足够多的财产以供自己可以随时随意去与别人进行交换。产权的私有不但促使每一个参与交换的人都努力多得财富,而且法律对财产的保护也使得多得财产的目的也必须通过交换来实现。所以交换最重要的作用,还是使市场参与者之间发生的财富转移,而非仅仅满足人的不同物质需求。

同时产权的私有保护也使得后续需求和高级需求变得紧迫和严肃起来,因为产权的私有等于锁死了一个人的消费能力,如果你不改变你的财富状况,那么什么后续需求或高级需求都只能是空想。所以在现有的财富的条件下解决紧迫的即时需求是每个市场参与者的上策,而在交换的过程中再努力获取更多的财富是实现后续需求和高级需求的唯一方法。

因此,通过交换发生财富转移,不仅仅是每一个个体满足自己即时现实的物质需求的必需,也是每个个体为了满足自己巨量的后续需求和高级需求的必需,所以通过交换使得个体之间,使得市场参与者才有了参与市场交换活动的热情和动力,也是市场经济发展的动力。

每一个人的生存需求要求每一个人都必须掌控一定的物资以满足自己的需求。在人类的发展历史上,个体获取财富的方式有很多种,由原始社会的共享,到奴隶社会和封建社会建立后统治阶级无偿占有社会财富,有的人不需要劳动,靠自己的出身就可以无偿占有很多社会财

经济的脚步——对《自然而然地生长》的补充解释之一

富,再到人人需要劳动并通过交换来赚取更多的个人财富。

在市场经济的条件下,个体的财富是受到交换条件的影响而形成的个人财富积累,在市场的初期,由于物资匮乏,影响交换的条件就是是否占有物资,只要有了物资就不愁没有更多的个人财富,所以那时许多人或国家不惜冒着巨大代价去漂洋过海寻求新的更多的物质,贩运回国就意味着巨额的财富;然后是商品的生产,由于物质的不丰富,谁能够生产出更多的商品,谁就可以获得更多的个人财富,所以资本主义的大生产就发展起来了。但发展大生产必须有巨额的资本,所以这个时期谁有资本,谁就可以获得巨额利润,这种情况也带动了资本主义银行业的发展。在资本主义得到了充分发展后,资本已经不再是制约生产的因素,取而代之的是先进的生产技术,所以未来只要有先进的技术就能够在市场的交换中聚集大量的财富。社会的财富在不同的社会阶段有不同的转移方式,仅就市场交换阶段其个体之间的财富转移也是不同的,总的是谁掌握了可以制约交换能够顺利进行的因素,谁就可以在交换经济中获得巨额利益。

对于市场交换的不同发展阶段,其制约交换顺利进行的因素有的是市场本身的,有的是市场以外的,如政治的、法律的因素,这些市场之外的因素同样可以影响个体的财富变化。但我们要研究的是一个既定市场内的参与者是如何通过交换来赚钱的,并进而影响市场的变化。我们就不需要考虑市场以外的因素,如战争、政治变化等,我们只考虑在一个政治稳定、法制稳定的社会,市场内完全是通过自由交换来达到财富转移的目的。这样的转移,如果用理论分析是很难说清楚的,我看之前的经济学者也没有人能够说清楚,所以我用一个假设的例子来说明,似乎方便些。

五 市场经济

假定在一个只有100人的市场参与者的市场里,80人是农业生产者,他们一年的平均收入为500斤粮食,由于各种原因80人中的年收入在300—800斤不等,100个人都会农业生产技术,这时农业技术不用铁犁,而是木犁。1个人会生产铁农具,他一人一年只能生产10把铁犁。19个人无事可做。粮食和铁犁都是市场一年就消耗完。那么这个市场上一年的最低消费为400斤粮食,平均劳动收益为500斤粮食(扣除不劳动者)。由于铁犁的省力和能够提高产量,所以铁犁被80个人所需要。那么铁犁会如何同粮食交换呢?按一年的劳动时间计算铁犁的平均劳动成本为50斤粮食,如果按等价交换的原则,那么他一张铁犁卖50斤粮食。那么这个市场里人们交换的就是各自的劳动,每一个劳动者都是靠自己的真实劳动来生活的。这是许多经济学家梦寐以求的情形,而且是所有经济学家隐隐约约看到的市场的本来面目,但他们没有看清其中的缘由,而只是推断和揣测。现实中的市场不是这样的,但最终的市场结果是这样的。

如果铁犁比木犁省力,可以提高30%的效率且由于可以深耕也可以提高18%的产量,那么一年后,用铁犁的产量会提高了18%,而没有用铁犁的仍然是原产量。这个市场就会有大约增加 $80 \times 500 \times 10/80 \times 0.18 = 900$ 斤的粮食产出。那么市场就会有 $4000+900=4900$ 斤的粮食现货和10把铁犁,除去未来的消费要多出4900斤粮食。铁匠那有200斤的剩余。

这时,铁犁就会被80人来购买。其价格最高应为 $800 \times 18\% = 144$ 斤,如果超出这个价格就意味着农民对铁犁的投入是负增长。但市场上的铁犁可能会超出这个价格,因为购买者的追捧,市场其他资金的追捧,铁犁除了带来的产品增加的直接效益还可以减少机会成本,使用铁

经济的脚步——对《自然而然地生长》的补充解释之一

犁意味着有更多的空闲,可以用此从事别的事情,如养鸡或养鸭。

如果铁犁被平均600斤产量的农民买去,而且是最高价那么铁匠就会得到600×18%×10=1080斤。用铁犁者在保持原产量的基础上赚取了30%的劳动空闲,这个空闲可以去从事其他副业,如种菜、养鸡等。毫无疑问铁匠利用他的独门技术赚取了整个市场增加的财富。

然后那19个人中就会有个1人去学习铁犁技术,可以一年生产8张,还有1个人了解到其他市场的铁犁只有40斤/张,第三年铁犁的价格降到45斤/张,卖出80张。这是,市场粮食增加80×500×0.18=7200斤,流出了68×40=2720斤,两个铁匠得到18×45=810斤。商人得到68×5=340斤。余下农夫多得。

如果这个市场上有1个人搞金融的,也就是开了个钱庄吧,那么只有18个人无业。那么这个市场的运转就不一样了。由于人们的钱都存入了钱庄,没有了也可以从钱庄借,那么铁犁的出现就会使得市场的货币翻倍。由于市场中人们的钱都是存取在这一个钱庄,那么整个市场的人都相信钱庄是有钱的,但除了钱庄的人,谁也不知道钱庄究竟有多少钱。

铁犁的快销和高利润促使很多人想投资铁犁的生产,假如有2个人想投资铁犁的生产,他们就会向钱庄借购买原料和支付的工资,很快他们卖铁犁赚了钱,那么连本带利,又回到钱庄。但对于市场的货币总量来说却增加了信用贷款,而对于那些卖给铁犁投资者东西的人来说,他们得到的是利润和自有的资金,可以用来消费。同时还有想买铁犁的20个人,也要借款,还有看到铁犁要涨价的人也要订购铁犁的5个人也要借款,钱庄没有那么多现钱,给了他们一部分现钱,并开了一部分的钱庄票据,相当于银行汇票。

这样市场上用于直接购买和投资于铁犁的资金就翻了很多倍,铁犁的生产只增加了两倍,那么铁犁的价格会超过144斤/张。而且更多人使用铁犁会使粮食增加,同时更多的人有养鸡养鸭,那么市场上的物资就更加丰富和数量增加。而且围绕铁犁带来的利润,也增加了市场对鸡鸭的消费,让养鸡养鸭的人也得到了很好的利润。如此围绕铁犁这个新的最先进技术的产品,市场出现膨胀,许多行业和很多人都是直接或间接得到了很好的利润,市场一片繁荣。

如此,下一年围绕铁犁的投资热情会更加高涨,钱庄的生意会超乎想象的好,更多的人和资金会进入围绕铁犁的生意。如果没有政府的调控,任由市场自身发展,那么铁犁必然会过剩,所有的形势就会急转直下。铁犁卖不掉,会降价,而原先买的成本很高,这样直接从事铁犁生产的人就会直接亏损,还不上钱庄的钱。而那些借钱倒卖铁犁的人也是如此。这样整个市场的铁犁过剩,价格不断下降,而无人购买,钱庄逼债,到期债务无法归还,许多人资不抵债,而不得不搬出自己的房子,钱庄也被挤兑倒闭了,市场上生产出来更多数量的物资,也没有钱购买,而被市场抛弃或贱卖。

在这个过程中那些倒卖铁犁者,在市场好的时候,借钱投入铁犁推高了铁犁的价格,而在铁犁价格下滑时,他们又急于抛出,进一步加剧了价格的下滑。是个双向推动价格变动的推手。

从中可以看出:①市场上新技术的运用会提高市场的产出,增加市场的总财富量;②技术的领先可以通过交换获得超额财富;③技术的普及可以大幅度提高市场的财富,但技术产品的价格却下降了;④外市场先进低成本的技术产品可以赚取市场的财富;⑤缺乏管制的金融会对市场起到双向的作用,加速经济的膨胀和加剧经济的下滑,对经济造成

经济的脚步——对《自然而然地生长》的补充解释之一

巨大的损害。

我们此章主要研究财富转移,所以我们要专挑财富转移的话题讨论。由上例我们可以看到以下情况:①铁犁在第一年出现在市场时,即代表了市场上农业最先进的生产技术,又代表了具有最先进的锻铁技术的产品,而且掌握这个技术的人只有一个人。②木犁代表了农业生产已经普及的技术,也代表了落后的木制技术产品,而且能够制作木犁的人很多。③第二年的铁犁就变成了木犁类的产品。由此我们可以很简单明白地看到两个方向的关系,横向即社会现有的不同产业之间的产品关系,纵向即同一行业不同生产者提供的产品关系。④铁犁从个别人的消费品迅速成为市场的主导商品。或许铁犁的出现只有极个别的农夫出于好奇、抱着试试看的心态购买了铁犁,但使用后发现铁犁的高效、省力、耐用等优点,使得铁犁很快成为市场的畅销商品。

以上讨论为了便于让大家明白交换中成交是双方双赢的局面才可以达成交易,所以用实物的数量进行交易的事例,是让大家明白购买新的产品是能够带来收益的,如果用货币结算来说明,那么实物增加这个环节就不会表现出来。但实际市场是以货币来结算的,所以实际的交易还受到金融市场提供货币总量这个因素的影响。如果一个市场的货币总量不变,而由于技术的进步,商品总量增加了,那么这时的市场中商品就会自动按照每个商品的获取的难易程度调整各种商品的价格,而成为一个新的价格体系。在上述的例子中,如果是用货币进行交易,而且货币总量不变,那么市场中麦子和人工的价格就会下降,因为这两个产品的供应增加了,而铁犁的价格就会上升,甚至有时候会超过利用铁犁带来的收益。如果货币总量是增加的,同样这个市场的商品会在新增加的货币总量的情况下,按商品的获得难易程度重新进行一次定

五　市场经济

价,建立新的价格体系。这样的价格只不过是名义上高了,但实际的商品之间价格比值关系并没有改变。这和货币总量改不改变是没有关系的。但改变市场货币总量的做法却和保持市场货币总量不变的做法有很大的区别:第一,原有的货币持有者明显受到损失。第二,渠首效应,那些能够在货币增加的时候第一时间拿到货币的人,可以赚取额外的利润,就像一个灌溉的渠道一样,在渠首的土地可以最先得到灌溉,那么庄稼就可以得到先天时的生长一样,如上例中的麦子和人工的价格会有一个瞬时的财富优先效应,即谁最先卖掉麦子或者先拿到工资,并即时花掉会得到一个优先的财富效应。第三,市场流动性充裕,便于再生产和经济发展。实际上这样等于通过货币增加把市场所有的参与者原持有的物资的价格进行一次重新定价,而且对原有的持有的财富进行了一次按新难易程度权重等比例的稀释,而且这个等比例的稀释被新的商品获取难易程度放大,而导致原有的财富加速的增值或贬值。只是在这个稀释的过程中,在一定的时间范围内,不能够多次进行,那样不仅会对原有的财富形成冲击,而且可能会对货币本身产生冲击,那么货币体系的安全就会成为问题,因此对经济的冲击就无法承受。在货币总量不变的情况下没有这个稀释,而只有技术带来的贬值和增值。

从以上情况我们分析,通过交换市场的财富的转移。我们可以看到:A. 不同行业之间转移。不同行业的产品其所内含的技术水平高低在某个市场的同一时间点上是各不相同的。技术先进而又功用很好的产品,必然得到市场的认可,因为它可以为市场的参与者提供高效、省力、便捷的服务,可以减少原来生产的劳动强度,提高产出效率等好处。这样在某个市场的时间点上各行业的产品所内含的技术水平的高低就决定了市场财富的流向。那些技术先进的新产品就可以从其他行业中吸收来财富。如第一年的铁犁制造业从农业生产者那里赚到财富。因为铁犁代表了先进的农业生产技术水平,如果出现了拖拉机,那么拖拉机就自然取代了铁犁的先进技术水平的地位。所以在市场的某个时间点上财富在社会产业之间的转移就是代表了新的先进生产技术的行业可以赚到其他行业的钱。

同时,由于拥有先进的新的生产技术水平的行业的产品生产者,可以从个别使用到成为市场的主导产品,而能够大赚其他行业的财富。

B. 同行业之间转移。消费者的讨价还价使得同行业的不同商品生产者不得不降价才能够完成销售,使自己的投入变现。所以在产品的生产技术比较普及的商品生产者之间,财富从使用普通生产技术的生产者手里,转移到了使用先进生产技术的生产者手里。因为先进生产技术的生产者生产效率高、产出多,那么他在售卖自己的产品时就可以以更低的价格,但如果使用落后生产技术的生产者也想如此,他将会出现困境,如果把握不好会陷入恶性循环,而不得不退出这个行业的生产领域,成为只剩自身劳动力的社会劳力供应者,先进技术的生产者则可以继续存在,而且会因为落后者的退出而变得更好。所以同一个行业由于生产技术的差别,那些技术落后、生产效率差的,在购买者讨价还价的情况下,会被那些技术先进的生产者击败,那么社会中对这个行业付出的财富就会集中到生产技术先进的生产者手里。

由于技术是不断进步的,所以一个在当时的社会阶段是先进的技术,但随后会变成普通的技术,那么用这个技术生产的产品的盈利能力就不断下降。因为这个原来的先进技术会在普及的过程中使得市场上出现更多的生产厂家,那么商品的供应量就会大增。按照本书对价格的测定,那么人们在市场上获得此商品的难易程度就变得比较容易了,自然价格就会回落了。市场上新技术的出现,商品生产技术的难度系数就会重新计算。这样原先技术先进的产品就逐渐变为不先进,进而变成大众普及的技术,那么商品的价格也自然随着下降。

我们可以利用不同行业商品生产技术难度系数测算对同一时间点市场各行业的技术水平排序:①这个排序非常明显地反映了同一时间点市场上不同行业产品的价格关系。说明不同行业商品的价格是其技术含量的比值关系,货币只不过把这个比值具体表现而已。②对同行业产品的同时间点在市场上的技术等级进行排序,这个排序可以非常简单明了地反映同一产品在市场技术发展过程中与价格互动的关系。

图5-2、图5-3可以非常清楚地为我们解释商品的价格变化和财富的转移与沉没关系。

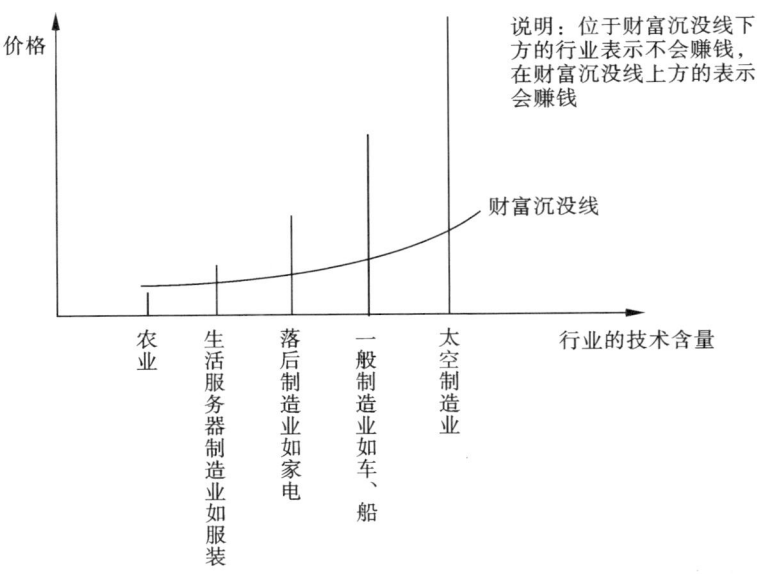

图5-2 同一时点不同行业商品的价格关系

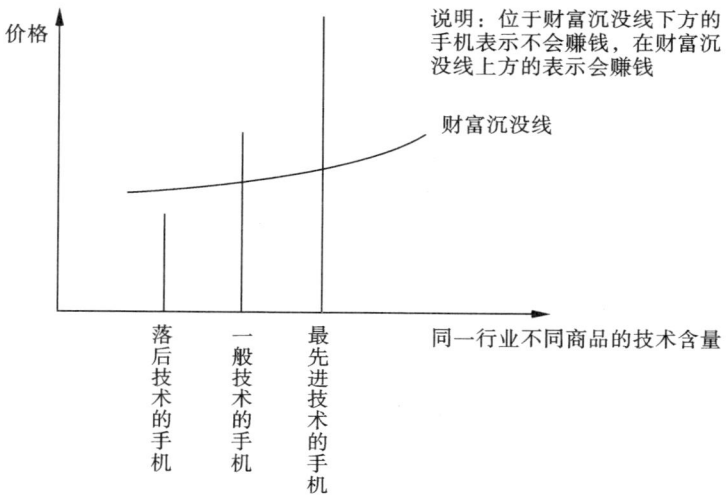

图5-3 同一时点同一行业不同技术含量商品的价格图

新产品由于技术先进,社会上没有多少人能够掌握该技术,所以生产的商家就少,那么获得此商品的难度就高,按照前述的价格理论此商品的价格就高。实际商品的价格在某种意义上说就是由其生产技术水平高低决定的。我们可以制作一个商品生产技术水平高低的系数。假定一个市场中只有一家能够生产的技术难度系数为1,而每个人都会的商品生产技术的难度系数为0。我们可以在一个市场中将所有的生产技术的难度系数测定出来,建立一个表格。而商品的价格与生产的难度系数是幂数关系,这个幂与市场的大小有关,如一个市场是10000人,而另外一个市场是10亿人,那么同样的商品和同样的商品生产难度系数,但幂不一样,价格也自然不用一样。如公式:

$$X_i = 1 \times (1/Z \div X/Z)^N$$

五 市场经济

X_i代表价格,Z代表市场中的人数,X代表市场中有多少掌握技术的商家,N代表总市场中只有一家掌握生产技术商品的价格与具有X家掌握生产技术商品价格的指数关系

如果市场上新技术出现,那么商品生产技术的难度系数就会重新计算。这样原先先进的技术就逐渐变为不先进,进而变成大众普及的技术,商品的价格也自然随着下降。

所以我们可以看出那些在产品刚刚问世时的消费者,为当时还是最先进的生产技术的产品付出了额外的金钱,那些在此产品已经成为大众普及商品时的消费者实际享受了补贴而得到了原先先进的产品。是那些早期的消费者的额外付出使得此产品的盈利丰厚,而使得社会许多人争相投资从而把产品变得普通了。那些后来的投资者的财富可能在看到别人赚钱的情况下而尾随其后,则可能会沉没在此行业内。他们的加入则让后期的社会消费者享受到了便宜和便利,这是前期消费者的补贴和后期投资者的财富沉没部分地飘散四溢财富弥补的结果。

如果不考虑货币总量在这个产品的诞生与消失的过程中的不同时间点的变化而引起物价的变化,那么我们从中就可以看到马克思的劳动价值论。一个产品从诞生到消灭的过程中,由于其生产技术也是从市场领先到普及的过程,直至这个技术成为市场上人人都会的技术,同时由于其他的新技术的诞生,其他新产品在市场上出现,那么这个产品就会被淘汰直至完全退出市场。在这个产品从诞生到消失的过程中,我们可以发现在诞生时由于生产技术先进,掌握此技术的人很少,那么生产的产量就小,市场上获得此商品的难度就大,然后随着技术的普及和其他新技术的出现,此商品的获得较为容易,而且其技术水平在市场

产品的技术排序中也在不断下降。

那么在这个过程中产品的价格从当时市场上的高价,逐渐变成价格较低。而在这个过程中,产品早期的消费者高额付出了财富而得到较早的消费,我们可以看到产品先期的消费者补贴了后期的消费者,后期的消费者则是在早期消费者高额付出的培育下使得产品得以扩大,技术得以普及而使价格下降,那么二者相抵后产品所包含的成本基本上就是人类对此产品的劳动付出。

同样对于那些投资这个产品的生产者也是一样,早期的生产者赚到了钱,而后期的投资者则亏了钱,二者相抵也基本可以冲平。

这样对于一个商品买卖的付出与对从事这个商品生产的前后投资者的行为就像股票投资者一样,有人在高位套现,有人在高位买进,但最终能够亏或赚多少是个零和博弈,而公司股票的真正价格其实要看公司的实际经营业绩对于一个商品来说就是人类真正为此付出的劳动。那么人类在一个产品投资的亏与赚的差额是由人类对此产品的劳动投入的量的大小决定的。换句话说就是人类对此产品付出劳动的多少是人类的真实投入,它决定了投资与这个行业的投资者赚钱减去投资的亏损额就是总利润。赚的钱−亏钱=劳动投入额。

所以从一个商品生产的完整历史来看,其实商品就是凝结了人的劳动,人类交换商品就是交换彼此的劳动。从中我们可以看到马克思所说的人类交换的产品是交换产品中所含的无差别的人类劳动。而且是等价交换,如果不考虑不同时间点市场上货币量的差别的话。所说的无差别的人类劳动实际是个性质判断,而非经济学的计算依据,他只是想说明商品都是人类劳动所创造的,而非劳动的具体投入在质量和数量上没有差别。具体的劳动有差别是再显然不过的事情,无论体能、

五 市场经济

态度、技能的差别都可以导致具体劳动量的不同,不同人的不同工资水平就是明证,而非无差别。

由此我们可以看出人类积累下来的财富都是人类劳动产出的商品,除去人类消耗掉的,没有被消耗的而以资产的形式积累下来的就是人类的合计财富,这个财富在最终用途上和货币无关,而在交换的过程中却与货币有关。货币在这个过程中也不会被消费掉,所以不断增加的货币总量就会不断累积,而消费品不断地被消费掉,是个循环的过程,由于技术的不断进步,其价格一定会不断下降,所以市场中累积的货币最终将反映在个人必须消费的资产上,那么自然而然在货币不断增发的市场上其资产价格将会不断上涨,即使不增加货币,由于消费品的价格相对降低,资产的价格也会相对的增长。这是在市场经济条件下,由于技术进步导致的必然结果。所以要想在资产膨胀的情况下人为降低资产价格实际是对资本市场的干预,不按市场的规律,即强行按分配机制来解决资产的价格问题,这样实质是导致市场的主导需求在资产需求的过程被忽略了。当然,目前我国资产价格的上升,导致生产成本的上升,使得生产商品在国际上没有竞争力,如果就此来干预资产价格,一定不会成功,因为生产的进一步发展,必然带来资产价格更加高涨的可能。如果在没有达到分配经济的时代去强行降低资产价格将是无法行得通的,只有在分配经济快要到来的时候,我们每一个人都不再需要去通过交换来得到资产,而可以通过分配就能够得到,那么不言而喻资产的价格就会自然而然的下降,当然那时交换经济也基本走到了尽头。

当然财富的转移方式在交换经济时代里还有其他情形存在,如资源独有、政府特许经营等情况也可以使财富发生转移。但本书认为这样的转移是暂时的,最终会被技术的进步所取代,而且体现不了人类的劳动关系,仅仅是财富的转移,与人类的发展关系不大。所以此处只是提下,而不作详细论述。

当然,交换还有许多副作用。在交换制度的经济社会里,无论你从事什么职业或工作,也无论它多么重要,首先你的劳动所得必须能够为你换回你的生活所需。市场经济这样的选择,无疑会使每一个人的劳动都庸俗化并产生拜金主义,而且由于都需要交换,那么把人类的精神和价值需求,也都列入了交换的范畴,因为这些为人类生产精神产品的人也必须拿自己的东西与人交换才能够满足自己的生存所需。这倒不是主要的,主要的是人类以此来选择职业方向,包括科学家的研究方向,能否得到市场的认可是决定其生活水平的条件,这样会使对人类很重要的东西在这个选择机制里给漏掉,结果是文艺、教育、科技等都不自觉地被商业化了,所有物品或工作都被交换的价格波动所决定着。而且这种制度导致人人都必须劳动,把社会所有人都约束在物质需求上了,既浪费了人类社会的精英力量,也约束了社会的发展。因为技术的进步已经可以满足社会大多数人的物质的需求,而这种制度却必须把人的就业列为要务,这样就约束了社会进步与人的才能发挥。其他如财富的单向聚集,导致两极分化,引发经济危机;技术进步与就业的矛盾等不再一一论述了。

(八)市场经济发展的模式

通过上述分析我们可以看出技术的进步可以导致经济的发展,但这样的发展分为两种情况:一是 A 行业的新产品的出现,而这个新产品

五　市场经济

在 B 行业的运用导致 B 行业的产量提高,而且 B 行业的产出还能够满足市场需求,于是 B 行业的增加产出带来了消费的满足,而增加了 B 行业的利润,B 行业的利润又促进其他行业的消费,而导致整个市场的繁荣。这样不同行业的轮番技术进步和行业发展就像杂技中的空中飞人的"双飞人"一样,只不过是不断的上升。二是某个行业的技术进步导致该行业的产出大幅提高,而且该行业的这个产品刚好能够成为社会大众的主导需求,那么市场经济的发展就是社会主导产业不断进行轮换而导致经济的"波浪式"发展。

1. 需求升级和技术进步"双飞人"式的发展

从铁犁的例子我们可以看出如下情况:冶炼技术的进步促进了麦子产量提高,而麦子作为主要的粮食作为人类需求的基础物资,在几千年来都是匮乏的,当然我们这里标的实物名称主要想让人更具体、清楚地认识这种商品对人的作用也可以如水稻、麦子之类的,反正可以是一个地方的主要粮食的作物就行。麦子产量的提高弥补了粮食需求的缺口,那么麦子的种植者就会因此得到很好的回报。这样的回报会扩大他们的消费,包括对铁犁的需求,还有其他食物的需求,人的需求就升级了,在基本的食物需求得到满足后,会升级到对食品的多样性需求,如油盐、蔬菜、肉类、水果等,当然也同时向衣服或居住条件的改善方面升级。这样麦子的产量提高,就带动了这些物品的消费,这些物品的消费同样给生产这些物品的人带来较好的收入,如此也会推动这些人的需求扩大和升级。那么整个市场的经济就会进入不断的升级循环中而推动这个市场的经济发展。

由于冶炼技术的进步导致农业发展,同时铁冶炼后的运用技术也是不断发展的,从兵器到农业用具,逐渐发展到现在的钢材和多种的合

经济的脚步——对《自然而然地生长》的补充解释之一

金钢等,冶炼和锻造的技术也由于社会的需求和市场竞争而不断发展,不断出现新的产品,这些新产品的生产和销售同样为市场经济的发展起到了推动作用。如上述例子中的铁犁就一个普及的过程,这个过程会使得制造铁犁及相关行业得到很好的发展。这样冶炼的技术也不断促进市场经济的发展。

农业和冶炼这两个无关的行业,但是一个行业的进步促进了另一个行业的发展,而该行业自身也不断得到发展。这样的发展模式就像杂技中的"双人飞",二者推动经济不断上升。

实际市场上不仅仅是"双人飞",而且可能是"多人飞",如动力机械的诞生,促进了工业的大规模生产的形成;比如布匹的织造,由于动力机械的运用使得产量大幅提高,原来供不应求的局面得到改善,而促使织造也能够得到很好的利润,那么织造的发达自然带动了种植业的发展,织造业相关产业的发展,围绕织造业带来一个产业链的兴旺。同时动力设备可以在农业耕种、矿山开采、人们出行、货物运输等行业得到发展,而且动力设备自身也因这些行业发展的需求而得到发展,如此一个市场就呈现出一片繁荣的景象。

按照这样的模式,有两个前提,一是物资短缺,二是技术进步。

通过市场交换实现对己有利的财富转移是每一个市场参与者必不可少的目的之一。通过交换实现对己有利财富转移是关乎每一个市场参与者能否实现其后续需求至关重要的问题,所以对于任何一个市场参与者来说,通过交换既要满足自己对物质功用的需求,以实现自己的即时需求,是一个现实而急迫的任务,而通过交换实现对己有利的财富转移以实现自己巨量的后续需求,也是一个摆脱不了的现实问题。同时,个人的财富增长会促使他对需求的要求变得更加高级了,高级需求

五 市场经济

的实现可以让人感受到存在的有价值和生活的有意义,对于每一个现实生存的人来说,也对其价值需求有着很大刺激,而不得不去实现的需求。

由于巨量的后续需求和高级需求的存在,使得人们在具体的交换过程中必然要进行讨价还价,所以同等功用和质量的商品,其价格越低则会使越多的人愿意接受,那么其在市场中的成交量也就越大。而卖价高的同类商品就会不易出售,如果商家获得商品的成本高于卖价,那么他就会亏损,使其后续的需求实现就会受到影响。

人类这个购买行为的理性选择促进了卖者的竞争,在售卖同样的产品时卖家必须做到自己卖的产品比别人的能够便宜一些,那么他才能够卖得更快更多。所以市场参与者的后续需求使得购买行为一定是个理性选择,而这个理性选择则为市场交换形成了一个竞争机制,这个机制促使了市场提高技术。

竞争机制把技术引入市场,使技术成为交换背后决定财富转移的因素,而且推动着社会经济、社会财富持有状况和就业情况发生变化。只有先进的技术才能够为市场提供功能、品质更好或价格更便宜的商品,这些商品或者可以为需求的人们提高生产效率,或者降低消费成本,或者为消费提供可靠的质量,所以市场的竞争归根到底是为交换如何或提供什么样技术水平的产品的竞争,这些隐藏在交换背后的努力是推动市场发生变化的主要原因。

表面上我们看到的是为满足需求而进行的买卖,但由于买卖各方的动机不同,买者既是为了实现自己即时需求的满足,又同时是兼顾后续需求的满足;卖者就是为了通过卖来变现或赚取更多的财富,来实现自己的后续需求或高级需求。

经济的脚步——对《自然而然地生长》的补充解释之一

所以对于需求者来说,买是他无奈的选择,是不得已的选择,是被迫的选择。所以他必须用自己的劳动所得或已有的资源去同别人进行交换,这种交换的付出是其为满足自身需求而不得不付出的最低成本。卖,就是看到别人的需求,那么可以把自己劳动所得较多的东西自己富余的资源卖给别人,这样不但可以满足自己更多和更好品种的需求,也可以通过这种交换获取更大的利益,而使自己的生活更丰富或好一些,这是为买而卖。这个情况被福利经济学者们看到,他们认为人们的经济目的是为了他人,是利他的,以此建立了福利经济学,实际上这只不过是在物资过剩时代一个促成交易的条件而已。所以在表面上看买卖双方是和气的协商,双方愿意才能够达成的交易,是一桩公平的买卖,实际上卖与买的动机都是不同的,各自盘算着如何在这个交易里取得最大的效益。这是个多方相互博弈的结果。

买卖的动机不同,买卖双方都想通过买卖来实现财富转移以使自己成为最大的受益者。买者就是想尽可能地为自己要买的产品少付钱,而且需求也要得到满足,这就是实现他们利益的最大化。对于卖者来说,就是努力在交易中获取更多的利益,简单地说就是用同样的商品能够卖到更多的钱。

但作为卖者,为了多获取利润,他靠提高价格或增加商品数量的办法显然是行不通的。对于一个市场而言,每一种商品都存在着:一是众多的其他卖家的存在,二是众多替代品的存在。所以若想提高效益,唯一可靠的办法便是提高自己的生产技术,因为通过生产技术可以获得功用先进的产品或是较高的生产效率,因此先进的技术在商品的表现性,体现出商品的功能的先进,价格便宜和质量可靠三个方面。功用先进、价格便宜和质量可靠都是能够让购者在市场购买时达成优先交易

的理由,这些包含较高技术水平的商品可以为购买者带来更多利益。这些利益具体为以下三个方面:

一是提高技术含量的产品使得产品功能更先进。这样的产品能够比原先的产品更好用、更省力、更有效。其他生产者还不能够生产这种产品,这样生产者也能够通过交换赚钱利润,如我们举例中的铁犁产品,与木犁相比,它就可以为购买者带来更大的效益。对于买者而言,同样也会促进自己的农业生产技术进步。因为要购买价格更便宜的商品,要受商品获取难度的决定,而商品获取的难易程度就是技术水平的高低,一个技术水平较高的商品,其商品的生产难度自然就大,那么这个商品的获取难度自然就大,那么购买就困难,自然就必须多付出成本,而对于技术含量很低,生产上大多数人都会生产的商品自然价格就低。这样也使商品向技术领先发展。这种使产品功能领先的技术是促进产品升级的根本原因。先进技术的其他两个方面的表现则只为生产者的财富聚集提供动力。

二是价格便宜的商品,这对于购买者来说是最为现实的利益。

三是可靠的质量让消费者更为满意。

所以技术先进的产品既是市场上购买者的优先购买选项,也是能够为卖者带来更多利润的产品。因为这些产品,由于技术先进,它的生产必然不是社会广泛能够生产的,那么在市场上获取的难度自然就大,那么其卖价自然就高;同时先进的生产技术在同行业中也意味着可以是较高的生产效率,那么就可以降低生产成本,在同样售价的情况下,自然就可以多得到利润;当然先进技术也可以代表可靠的质量,那么可靠的质量就可以有较大的销量,在同样价格和成本的情况下,扩大销量自然也可以带来更多的利润。

经济的脚步——对《自然而然地生长》的补充解释之一

决定人类必须购买的是人类自身需求的客观存在,而对具体商品如何进行选择则决定于商品的功用的先进性、价格便宜和质量可靠这些因素,所以研究交换经济行为其实是两个层次,第一个层次是需求的层次和社会制度的层次,这决定了对物质需求和用什么样的方式去实现,即是用掠夺,还是用交换;第二个层次就是具体不同的物品的选择上,是什么因素决定了人们必须选择这个商品而非那个商品。

所以生产商品的技术是否先进是决定人们是否选择某个商品的决定因素。那么商品生产者只有通过提高自己的生产技术,才可以达到商品畅销和财富聚集的目的。在现实中我们看到卖者为了使自己提供的产品比别人的成本低,看似有很多方法,如降低工资、减少开支、用便宜的原料、提高生产技术,但如果从长远看只有提高生产技术这一个方法行得通。因为同在一个市场里,长期给工人低于别的生产者所开的工资会带来工人的不满,这会导致生产效率下降、服务质量下降、产品质量不能够保证,或者工人辞工等,使得生产无法正常运行。减少开支也同样行不通,用便宜的原料,除非你有永久性的特别经营权,而且这个持有还必须永久性的能产出,并一直被市场需求,这显然是行不通的,没有这样的条件别人同样也可以效仿,那么你就无法形成自己的优势,更无法形成自己的长久优势,所以只有自己掌握了先进的生产技术才可以长久地形成优势。这就是为什么中国古代很多生意人家有些秘诀都严防死守,这样的商业秘诀传给儿子,不传给女儿,以防商业秘诀外泄,而把商业秘诀牢牢控制在自己人的手里。西方人更是注重专利保护。这样做的目的就是能够实现并长期保持自己在生产中的优势,而保证自己在为市场提供同样商品时,自己的成本较低,从而通过交换实现财富转移。所以市场的参与者在告别物资短缺时代后都开始重视

五 市场经济

技术的研发和新技术的运用,以提高自己在市场上的盈利能力。高技术的生产使得自己与别人同样的劳动付出而能够得到更多的产品,于是在交换中就发生了财富集聚。通过交换,市场的财富便转移了。

所以在法律的约束下人类不得不把即时需求通过交换来实现,由于技术的改变使得人们为满足自己生存所需的交换成为一些人即商人谋取利益的合法手段,使得社会财富和人与人之间的关系也发生了变化。这是以往经济学人没有论及的地方。

如果市场内技术都不能够发展,或一个行业内没有技术进步的可能,如现在的出租车市场,那么这个市场内的各行各业或这个单一市场就会处于均衡状态,也是本书所说的自给自足状态。但技术的进步改变了这个局面,技术的进步使市场的财富通过交换向技术先进的商品提供者流入,而使得市场的财富发生了聚集。聚集的财富会部分退出循环而沉淀下来。如果没有技术进步,一个市场的财富和物资会不断循环的,而使得市场中的每一个人都以自己的真实劳动来换得自己的生存所需,这种状态就是所谓的均衡,也是马克思所说的商品交换是交换的劳动,每一个人都在这个市场里从事不同的劳动,而以自己的劳动来换取自己的生活所需。但这个所谓的均衡状态只是在理论上存在,现实中不存在,存在也只是一个瞬间的事情。因为一个市场里的竞争使得市场的从业人员无不是提高自己的竞争力而不停地努力,所以技术的进步也是无时无刻不在发生着;而且市场外的物资和资本也会在不确定的时间以各种方式进入,那么一个技术停滞和外界隔绝的市场是不能够完全存在的。所以市场的均衡只是一个理想状态,是一个相对或大致的情况。

同时市场均衡还有一种状况,就是技术成熟且人类又正在使用的商品,也存在着一个均衡,即在这样的行业里所有人都是用他的劳动来同其他人进行交换,就是说这些行业的从业者在这些行业的生意实际就是一份工作,他们赚取的就是自身的劳动报酬,而无额外利润。这些行业的状况也是一种均衡。如果我们按技术来看待市场,那么市场就可以分为三个层次,如图5-4:

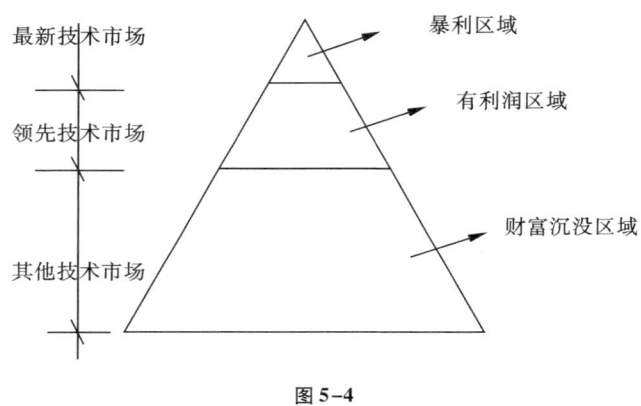

图5-4

所以技术是市场竞争中财富转移的通道,财富通过交换转移到技术先进的业主手中,而形成聚集,当财富变得巨大,那么财富便退出市场循环而沉淀下来。如果被传承给下一代,那么不需要真实的劳动便能够过上非常富裕的生活,而且在市场的竞争中占据优势,这是市场最不公平的地方。这种财富的世袭被认为是天经地义,而政治上的世袭却早被废除了,所以对遗产征收高额的税收是维护市场公平的根本原因。

技术不仅仅为市场交换提供了财富转移的通道,也为产品的升级换代做出了贡献。同时财富的转移也为人们的需求升级提供了可能的条件,促进人们的需求升级,推动产品的升级换代。这样的进步使得人类在生产和消费领域得到了极大的福利回报,无论是生产工具从笨重、费力、低效,发展到精巧、省力、高效,我们人类的石刀耕种,到现在的机械化耕种,目前已经发展的智能控制耕种;从靠人的徒步行走,到骑用畜力,而现在高铁、飞机等不一而足;消费品更是质量上乘,品质优良,功用全面。这些产品的升级换代,新产品的研究开发、制造以及销售,还有各种原料的需求,人才的需求等会围绕着这个新产品形成一个爆发式的需求,而且财富也会围绕这个新产品而发生聚集,一个新的具有丰厚利润的行业就会兴起了,这样技术进步就为人类的经济发展提供了现实的动力,也为自身产品发展提高了动力,为其他行业的发展提供了技术支持,也为交换经济的交替式发展提供了具体的物质支持和依赖。

2. 社会主导产业波浪式发展

人类在需求的实现过程中有两个问题必须面对,那就是:①需求的顺序和等级;②现实的财富状况。任何人在同一时间内,在面对衣食住行和情感需求等多种需求的情况下,总有一个需求是第一位的,这个需求是压倒其他一切需求的,在这个需求没有满足前,他的主要精力和财力将会为满足此需求而付出,甚至会为此而不顾一切。这种需求实现是有秩序的,也被现代心理学证明是确实存在的,所以一个人在不同的时期和不同的财富状况下,其第一位的需求是不同的。但这个主导需求是和他的财富状况密切相关的。如果在衣食住行这四种刚性需求不能满足的情况下,食的需求是第一位的,衣是第二位,住是第三位,行是最后。如果在基本的物质需求可以满足的情况下,人的第一位需求是什么,则是与人的年龄和财富状况有关系,如一个二十多岁的人,可能

经济的脚步——对《自然而然地生长》的补充解释之一

情感需求是他这个年龄阶段的第一位需求,他会为此甘愿付出自己的一切。这样的情况我们在各种文化里都看过不少此类故事。那些王子或出身高贵的年轻人为了爱情而不惜放弃一切,但一旦情感需求得到了满足,那么对财富或权力即价值的需求就立即上升为第一位,所以不牢靠的爱情有时候是经不起这样的改变考验的。一个财富匮乏的中年人第一需要的是如何增加自己的财富,而一个富裕的老年人可能更加需要健康,这样人处于不同时期和不同的财富状况下决定其第一位的需求的情况。

人处于不同时期和不同的财富状况下决定其第一位需求的情况,早被经济学家们所察觉。德国经济学家赫尔曼·亨利希·戈森第二定律说的其实也是这个现象,但他把这样的情况形成归结于物的功用的重要性不同,没有看到是人的不同处境决定了人对某个物的需求上升或降低。他没有从这种情况的外围环境来看待,而是局限在具体的消费行为中来寻找原因。形成这样的理论只能说明当时的社会经济条件是物资极度匮乏,而且社会处于半封建半资本主义的时期,那些需要通过用劳力交换来实现自己需求的都是无土地的人,他们每天的劳动还不够一天的伙食,而且能够提供劳动的机会也并不稳定。这样的社会情况才会出现上述的边际理论。

在具体的消费行为上任何个人的需求实现都是先得到数量的满足,然后再是质量和档次的需求满足。那些边际经济学家在价格问题上表现的就像是只知道吃饭的经济学家,而且按他们的理论,人生的全部需求就是吃一顿饭,最多就是吃一顿饱饭的人生,这显然是不正确的。但我们也不能够说边际经济学家是完全错的,只是他们受到所处时代的局限,也恰恰证明了人的需求实现是有秩序和等级之分的。

五 市场经济

　　同时,每一个人的消费支出都不得不考虑自己的财富状况,也不得不考虑自己的即时需求、后续需求或者还可能同时考虑一下更高级的需求如何实现,当然更高级需求的如何实现考虑不考虑却是个因人因情况而异的问题,但前两个需求如何实现却是必定要考虑的。所以对于一个人而言,他的支出计划完全受其当时的财富状况和即时需求及后续需求能够如何实现所决定,否则,他就无法很好地生活或要忍受痛苦。本书认为个人的财富状况就是一个人现有能够支配的财富和未来一年比较确定的预期收入,加在一起计算得到的一个总值。这个财富状况决定了他的支出,如果:①一个人的财富低于生存的最低保障线,那么他的支出就主要是为了生活的花费。这个时候其对物质的支出安排就像戈森第二定律由门格尔设计的图表中表现出物的重要性列表一样,他把物的重要性分得十分清楚,他除了按物质对生存的重要性来安排,别无他法。所以按物的重要性列出后进行购买的理论,我们可以看出他所处于的时代物资和经济的匮乏,但这也误导了他们的研究方向。他们把这当成了造成不得不进行交换的根本原因,而没有发现这种情况是社会条件所造成的。②一个人的财富状况刚过生存的最低保障线。那么他会把自己绝大部分的财富用于生存的物质消费上,偶尔有些体面的消费,主要支出是粮食、蔬菜及多样性,偶有一件漂亮的衣服或一顿丰盛的晚餐。③一个解决食物温饱的人,可能计划要置办一些家庭用品或其他感兴趣的事项,如家具、手工产品或是教育、交际。④一个富裕的人则可能要置办生产性的资产或其他投资型的事项,如购买土地、店铺或小的买卖生意。⑤一个非常富裕的个人可能是扩大投资或高档消费,如买个豪宅或车或是更大的投资,尤其把能够赚更多的钱作为一个事业或个人能力的标志。

经济的脚步——对《自然而然地生长》的补充解释之一

一个人或一个家庭所处的财富状况决定了他的主导需求和主要支出计划。那么一个社会中占有大多数人的相同的财富状况的人或家庭的财富状况就决定了一个社会的主导需求和主要支出计划。这个主导需求就决定这一时期社会的主导产业。所以社会的主导需求的消费与社会中不同人群所持有的财富占社会总人口的比例有关,如果多数的人处于一个财富阶段,那么这时的社会主导需求就和这个阶层的人群的主导需求一致。我们可以制作一个社会财富分配图,见本书图4-2。

(1)主导产业震荡式的发展。不是所有的新技术开发都能够获得好的回报,也不是所有的新产品都能够赚到钱,新技术、新产品能否赚到钱关键要看利用这个新技术开发出来的新产品能否成为满足社会的主导需求的产品。新技术能够为市场提供新的产品消费,但这个新产品能否成为市场的主流产品还必须与社会的主导需求相结合。只有那些新的产品能够和满足社会的主导需求相一致,那么这个新产品才会成为社会的主导需求的产品,只有生产这个能够满足社会主导需求的新产品的产业,才能够成为当时市场经济的主导行业,而支撑一段时间内的市场经济发展。我们可以概要地看人类社会所经历的经济历程,游牧时代、农业时代、工业时代等,其实这些代表了人类社会在不同的时代的技术支持下而形成的不同的主导产业,给不同时代的人类社会带来经济上的特征。这些都是概要表述了当时不同的社会技术水平决定了不同的主导产品,而不同的社会主导需求决定了不同时代的主导产业。

从中我们可以从不同时期的社会财富分配图上看到不同的社会主导需求的变化,也就是社会主导行业的更换。这个主导行业的更换就

像市场经济前进的脚步一样,让我们感到市场经济向前发展。(表5-3)

表5-3

项目 内容 时代	原始时代	农业时代	工业时代	商品时代
主导技术	驯养	农业种植	动力机械技术	更先进动力技术
主要财富	牲畜	土地和粮食	商品	技术和品牌

新的主导产业的兴起,会从两个方面给经济带来巨大的影响。一方面是积极的影响。新的主导产业的兴起,一是可以迅速聚集社会财富。因为新的主导产业的兴起是在之前的社会发展的基础上的再次发展,所以之前积累下的社会财富会迅速聚集到这个新的产业上,从而使得社会经济得到迅速的膨胀。因为对于新的主导产业产品的消费,每一个个体都是在之前积累财富的基础上进行的,所以这些个体对新产品的花费是其在之前积累的基础上进行的,与之前的一个主导产业相比,新的主导产业的产品的花费包含了之前主导产业给其带来的利润。这些之前的利润一并被带到了新的产业来。就像我们现实中看到的,老辈人辛辛苦苦靠种地积累下的一点血汗钱,却不够儿孙辈的一个手表或是一部车的花费。这里除了通货膨胀以外,就是不断的产业发展带来的财富聚集而导致的新的产业膨胀。就像铁犁带来了麦子的增产,增加了种地者的财富,而铁犁的相关经营者也从中收益,其他行业也从这两个行业中收益,这样就是产业的膨胀。二是可以带动相关产

业的发展,包括新的就业。这样新的主动产业就会在更高的水平上导致经济的发展。但另一方面,由于新的产业产品可以消费掉社会上之前积累下的社会财富。因为新的主导产业的产品的购买是每一个人或每一个家庭的主要支出计划,所以新的主导产业的兴起后会导致社会消费掉之前积累的社会财富,而使整个社会对其他与地方非主导需求产品的购买力严重下降,而使其他产品的消费受到严重的挤压,就像21世纪初期的中国的房地产产业对其他与地产不相关行业的挤压就十分严重。所以在下一个主导需求的产业还没有形成前,而这个主导产业也已消费掉了社会积累的财富,那么经济就必然进入一个萧条期。在下一个主导需求形成前,前一个社会主导产业快速聚集的财富需要时间向其他行业扩散,这些财富要再次扩散到各个行业,以至于社会中的每个人或家庭,以待下一个新的社会主导需求产业的出现。所以一个新的社会主导行业的兴起会带动社会经济的规模的膨胀和进一步的发展,而这个行业发展完成后经济就又进入一个萧条期,或者说是修复期,以待新的社会主导产业兴起。主导产业波浪式的发展,导致市场经济的震荡式的发展前进,这就是市场经济发展的规律。

(2)涟漪式的发展。在社会主导需求形成的主导产业发展这个主要路径的同时,还有细的分支,就像市场经济的大潮中有主导产业这样的巨浪,也有由这巨浪引起的小浪,这些小浪,形成一圈圈的涟漪四散开来,而使市场中各种各样的需求得到充分发展,从而使市场经济在主导产业的膨胀的推动下,市场各种各样的细小的产业也得到充分的膨胀,从而整个市场进入全面的膨胀时期。

如冶炼技术推动了粮食的生产发展,而在这个农业发展主阶段,粮食的生产发展的同时,人类对食物的需求也得到全面的发展。人类从

五　市场经济

粮食的绝对匮乏状态得到改善,而改善后的人类在追求主食满足的情况下,开始追求食物的多样化或高级化,就是在解决了吃饱的问题后,吃好的问题就自然提到人们面前。在解决了吃好的问题后,高级的食物需求和穿衣、交往等需求都一个个摆在人们面前。这样在食物需求的主导层次上,而对于食物的满足具体分为不同的细小的层次,这些小的层次的发展,促进了整个产业链的全程和需求的全面、多样发展,而使经济向纵深发展,最终导致市场经济的全面发展和人的需求在某个层次的全面满足。

当然我们还可以进一步细分,可以更深入细致地研究和分析,不同时代技术、主导需求和主导产业的变化历程,我们可以列出一个比较详细的时代表,但这里就不再对此做更深入的讨论,我们在这里只就人类经济的这个经济历程进行提及,以表明人类的经济发展确实是这样发展的。而且在世界不同的国家或地区其主导产业的发展顺序也不一定完全一致,这些都留给那些对此更感兴趣的人去做进一步的研究。

从财富分布图的变化我们可以看到许多其他问题:

(1)如果社会财富分布十分均匀,也就是社会的财富图中峰值不突出,那么就意味着一个社会中主导需求的人群不多,而且分散,这样就意味着社会需求个性化时代的到来,那么规模巨大的社会主导需求就没有形成的可能,自然就不可能产生规模较大的新的社会主导产业。所以社会的进步发展,人与人之间的财富均匀分布使得交换经济的制造产业无法形成规模经济,尤其是现在的互联网时代更利于满足个性消费,因此,未来那些在资本主义扩张期发展起来的规模巨大的制造业将无法维持,因为除了新的需求是个性化外,而传统的消费由于技术已经非常成熟,没有了进入的障碍,也会变得小型化和个性化,未来的商品生产有可能就是小规模的生产,就像现在的小生意人做着一单单不重样的生意。

（2）在社会财富分配图两头的最穷和最富的人的财富对于经济发展没有多大意义。穷的人没有参与交换的能力,而最富的人积累了过多的无须参与交换的财富,对于市场交换经济而言这样的两群人是不会有多大积极贡献的。所以要对最穷的人群实行救济制度,也就是扶贫的概念,而对于最富裕的人群要征收额外的高税收,实行税收歧视政策,如遗产税和财产税。这样让底层最穷的人既能够生存,也可以参与交换为经济的发展起到一个垫底的作用,而把最富裕的人无用的财富通过税收转化为国家收入,进行投资或再分配,这些本来被闲置的财富被强制进入了交换循环,而对交换经济的发展起到补充作用。那么社会的中间层就必须努力参与竞争,这样既可以保证经济发展的活力,也保障了交换的经济循环的顺畅。

（3）从这个图可以看出,随着经济的发展,在整体财富水平达到一定水平后,贫富的差距不能够太小,太小就无法形成交换经济的产业生产。具体说就是在一个市场内如果能够达到中等收入水平以后,太小的贫富差距使得市场交换的空间变得很小,因为在同样的财富水平上没有人愿意成为劳动力的提供者,没有劳动力的提供,那么交换的就是原有的财富,这样会使经济逐渐衰落。其次就是没有差别的需求,社会有的只是一致的消费需求,这样需求无法推动经济的发展,而且会随着这类商品技术的发展,而使得这类商品的生产经营变得简单而容易,那么这些行业的利润越变越小,而导致经济规模萎缩。发达的资本主义国家就已经显现出这样的苗头,如老牌的资本主义国家英国就是这样。所以共同富裕是市场交换经济的终结,那时候只能是分配手段来作为

五 市场经济

实现个体的物质需求,而且物质的需求对应整个社会而言已经不存在任何困难。这样也说明了随着社会富裕程度的提高,市场经济就无法正常运转下去。

当然,主导行业能否兴起还与新技术能否出现密切相关。如果没有新的技术出现主导消费可能就形成不了,在人类历史也出现过多次的富裕社会阶段,由于没有新的技术产品出现,富裕后的消费变得十分奢侈而浪费,如奴隶主的消费就是一个简单的例子。如果这时由于新的生产技术出现,有新的产品出现,那么有钱的人为了显示自己的富裕就会毫不犹豫购买最新又最贵的产品。如最早的手机。实际上手机如果作为一个商业开发案例实际是不会过关的,因为从理性的角度看会有多少人为了通个话,而要花上万元去买个手机,且接听还都要收费,这个商业计划应该是不会通过的。但现在手机的普及可能都超出发明者的想象。

一个新产品从只有个别人使用,逐渐有更多的人使用,以至于在社会上普及。从事这个产品生产的商家获得巨额利润,当然从事这个产品相关产业的人也会得到很好的利润,如经销商、零件提供商、原料提供商,包括为此产品或相关产品提供服务的劳动者,甚至为此产品的放贷者都可以获得很好的回报,一个产品的兴起可以带来巨大的财富,把社会上主导需求的购买力完全吸纳过来。这种巨大的财富效应会促使很多的人要投资此产品的研发和生产,那么随着技术的突破和生产商的增加,此产品的价格就会下降,获利能力就会不断下降,直到生产此产品的技术成为社会大众化的技术,那么此产品就不可能再赚钱了。这时还在生产的商人的投资,以及与此相关的产品和为此产品提供劳动的人都无法获得很好的回报。

经济的脚步——对《自然而然地生长》的补充解释之一

主导需求的升级和技术的进步必然淘汰某些产品。人类从交换经济开始至今其主导需求的变化也是有规律的,以中国改革开放40年的经历也可以得出社会主导需求变化的规律。基本是粮食—衣物—副食—小家具—更多的交际饮食—先进的小家电—交通设施—家用小汽车—城市房地产。这些产品的变化实际也是行业的变化,许多原先的行业变得不再能够盈利,有的产品也因技术的升级而被淘汰不再被人们使用了。如牛耕用的铁犁,这个在最早出现替代木犁时也为从事铁犁生产的生产商及相关人员带来了丰厚的利润,但现在已经没有了它的踪迹。从中我们可以看到一个新技术新产品到成为社会的主导需求产品的过程带动了经济的发展。这是因为那些早期的这种新产品的消费者付出了高额的代价,支持新技术产品的发展,而使得技术得以普及和更进步。那么后来的消费者则享受了前人消费的补贴而得以可以以极低的价格来消费这些原先的新技术产品。

人类的经济就是这样发展的,财富就是这样转移的。我们应感谢我们的前人,是他们的付出使得我们现在能够享受低廉而又丰富的生活。如农业、冶炼的铁和铜,以及陶瓷业。这些行业都是前人的高额付出培育的,使得现在的人得以生活得富足而低廉。我们的付出也同样为后人的享受做着贡献。这真是应了中国的那句古话:前人栽树后人乘凉。

人的需求满足大的程序应当是:消费类的需求—资产类的需求。具体而言就是:食物—衣物—家用品—高级生活用品(含教育)—资产类消费。

主导需求在人类的基本需求满足后,交换经济进入个性化的消费后,市场经济会有一个非常长的平台期。这平台期以城市地产的满足为转折点,直到人类分配成为社会个体需求实现主要手段即社会主义社会的建立。

(九)交换经济的困境

交换经济促进了技术发展,但交换经济与高度发达的技术是不相容的,尤其是智能动力机械技术,具体表现在以下三个方面:

1. 主导产业的规模变小

主导产业的波浪式和升级需求的涟漪式发展使得人类的物质生产和物质需求得到了充分的发展,从物资匮乏到物资过剩,以城市化为标识,城市房地产的价格不再迅速上涨为标识,人类衣食住行这四种刚性需求的物资开始全面出现过剩了,人类交换经济的主导时期也就结束了,这时人类交换经济规模发展到了顶峰。从此以后社会的主导需求就不会再有那么大的规模,因为这时以人类的衣食住行的物质层次的基本需求都已经能够很容易得到满足了,人类衣食住行的需求已经不再是物质需求的层次了,而是价值需求的层次,如更好的衣食住行,这些都鲜明地表现为人的价值需求范畴,这些论述已在《自然而然地生长》中有过详细的论述。其他新诞生的需求,如太空旅行、高级的音乐会等这些都已经脱离了人类生存的基本物质需求层次,也就是说衣食住行四个方面是每一个人生存的刚性需求,涉及人数众多,所以这四个方面的物质需求在成为社会主导需求时,其规模巨大,那么主导产业自然也是规模巨大,涉及的人员也众多,而个性需求则不是人人必需的,自然也就不会有规模较大的群体一致的需求,所以没有一个产品或产业能够再成为社会大多数人的共同需求,有的只是部分或更小部分人的个性需求,社会大多数人一致的主导需求就不存在了,取而代之的是部分人的个性需求,这样社会的主导需求就变得比较分散,自然规模就小了。社会大众的需求呈现出兴趣化的特征,使得交换经济的行业规模就相对较小,对社会经济发展和推动的作用就没有原来那么明显,新技术和主导产业变得分散,规模小。自此以后,交换经济的规模就逐渐走向衰落,我们理解就是索罗斯所说:"全球进入通缩时代"。

2. 生产能力过剩

通缩使得竞争更为激烈,那么生产技术还在不断提高,社会生产能力越来越强,而人类生存刚需的物资供给已经达到绝对过剩的水平,新的需求就是规模小的个性需求,这样交换经济的运转就难以为继。现在世界上许多发达国家,包括中国在内的许多发展中国家的产能都是过剩的,这些国家的产能都在四处寻找需求市场,向世界上落后的国际地区寻找市场。

3. 智能动力机械使就业变少

技术的发展不但使得物质的丰富,而且不需要人们全部参加劳动,社会需要的产品也能够生产出来,如此有许多人就注定无法就业,所以这些人就无法继续参与到交换循环中去。尤其是智能动力机械的广泛运用更使得社会的商业生产或经营大量减少对人工的雇佣,这样整个社会将有大量的社会大众是无业者,那么这样大规模的失业者,他们没有收入的来源,所以交换经济的运转就无法运行下去。

这样交换经济就必然会被分配经济所逐渐取代,那些无法就业的人员的生存物资之需就必须由分配的方法解决。当然,分配大概可以有两种方式:一种是再分配,由政府对他们进行定期分配一定数额的货币,以满足他们的基本物资之需,这是政府向交换运转的企业的交换环节征收税收后的再次分配。但这样的分配只能是个过渡,因为将来可能就没有了交换,所以最终的分配是直接分配,生产由国家组织,有能力的人去从事生产活动,当然这种活动会有额外的获得,然后这些产品就直接按人头分配给社会大众了。这样分配经济就正式登上了人类经济的历史舞台,社会主义制度就成为社会的唯一选择,而资本主义也就自然而然地退出人类的历史舞台。

目前世界上发达的国家,包括资本主义国家和非资本主义的市场经济的国家已经处于交换经济的末期,经济也就由交换向分配经济开始过渡的时代,这里也包括中国。这些国家也已进入了交换的收缩,由于社会的消费品的生产技术已经十分发达,使得这些商品的生产变得越来越容易,那么这些商品的价格越来越低,同时资产的消费也因社会生产的发达而都能够满足社会的需求,资产价格也开始下降,如此整个市场的经济规模就会不断地萎缩,人类不得不借助直接分配这个手段对社会的有些商品进行分配而非交换,以弥补交换机制的缺陷。在这个方面,一是自从有了税收就已经具备了直接分配,但在市场初期这样的直接分配被统治者所占用 借以维护统治和社会公共事务。二是社会主义国家较资本主义国家有着先天的优势,所以在完成城市化进程后,社会主义国家可以借助自身的制度优势在经济发展上超越资本主义,因为它可以回避掉交换制度的人人都必须参与交换的这个制度缺陷,而仍然可以保持生产的进步和发展。社会主义国家可以通过对底层即能力差的人进行分配的经济制度,而对高层即能力强的人仍然实行交换经济制度。这样即可以保持发展的动力,又可以解决人人都必须进行交换带来的缺陷,使得经济能够顺利发展,而且可以腾出人力、物力。不采取交换机制进行科技开发,这样又可以保证技术的进步,从而能够保证社会主义制度较快地发展到分配经济时代,也即所谓的共产主义时代。

社会的主导需求和技术新产品如果吻合了,那么社会经济就向前发展了一大步。这就是社会经济的波浪,这个波浪的形成主要是社会的主导需求和技术形成的新产品成为大众产品的一个过程。一个主导需求的形成和新主导产品的形成过程便是经济的复苏过程,而这个主导需求完成过程后,经济便进入了萧条期。

新技术的出现可以重新界定社会市场上现有的产品的技术水平。一个新技术的出现立即会对市场上原有的所有产品的技术水平进行界定,而且可以决定有些产品的前途或者说命运。

以城市地产的满足为转折点,市场经济会有一个非常长的收缩期。这表明人类已经基本摆脱了物质需求对人生存的羁绊,人类已经进入物资供给绝对富足,而只是分配不公的时代,这个过程会一直延续到人类分配经济的实现也即社会主义社会制度的建立。

(十)其他形式的交换

法律对偷窃和强抢的禁止使得交换成为社会的制度,每一个人的物质需求都必须通过用自有的资源去与人进行彼此的交换。所以交换我们一般理解为供需双方的即时清偿的交换,但现实中由于情况十分复杂,导致无法实现即时清偿,和第三方的间接交换也会发生。这些交换形式都是本着交换的原理和实现彼此需求目的而不断发展起来的各种新的交换形式。这些新形式的交换也是法律的副产物,本质是交换,但由于不能即时清偿或双方直接交换,所以使问题变得更加复杂一些,其交换的不同细节又衍生出许多制度。这些新的交换形式是交换制度的发展和创新,而且愈来愈成为交换经济的主要形式,并对交换经济的繁荣和发展起到重要的推动作用。这样的交换也在不断发展,而且这样的形式越来越多,有些形式越来越成为现代经济的主流制度或工具。

这些形式的交换,首先是借,而后产生了贷。包括股份制度也是借的衍生制度,因为交换制度的基础是法律的禁止,而又无法全部交换,所以形成了一个变通的办法,分拆而卖。现在的众筹也是同样的原理。出租也是基于这样一个原理而发生的变通方法。股市、债市以及保险市场都是衍生品,寄生在实体企业上,为实体企业发展提供资金来换取收益。理论上是为了得到实体企业的收益,但这两个市场在资本主义阶段已经发展成为规模巨大的市场,尤其是市场中多年发展积累下的货币资金无处获利,而且都聚集在银行或保险机构手里,这样天文数量的货币资金如何处置就成为一个问题。所以股市、债市便成为这些资金的获利主要手段即投机比实业的获利分配更有诱惑。所以这些市场要求及时如实地披露企业信息,如每月的财报必须公布,其次杜绝幕后交易,以欺诈罪入法这样才能够保证市场的平稳,且能够保证市场的目的即激励企业努力增加效益,以支持市场经济的发展。

1. 借与贷

交换的第一种变通形式就是借,借应当是紧随交换之后出现的交换形式的变种。基于互助愿望的借得以发展起来,是因为人在生存的过程中都会有一时之难,物资的暂时短缺,经济上的暂时困难,所以借最初是发生在相互熟悉的人之间的彼此帮助,这种帮助在出借者看来也是帮助自己,因为借给别人物品帮助别人渡过难关,同时也是期望未

经济的脚步——对《自然而然地生长》的补充解释之一

来自己有困难时,也能够得到一样的帮助。

但是,由于借的一方在某种意义上是个劣势者,起码暂时是个劣势者,如果他没有很强的个人能力,自然也就意味着他无法摆脱目前的困境,那么他不但不能够在将来帮助别人,而且也无法归还别人的物品。这样的情况出现,使得借这个互助制度变得无法进一步的发展。借的互助性质和无偿性质,加之互助并不一定能够完全对等,而且不对等的互助还意味着出借者可能会蒙受损失,所以借的规模一直很小,无法发展很大,且主要集中在比较熟悉的人群内部,尽管借出现的较早,而且存在的时间也会很长,即使是交换经济不存在了,借也依然可能存在。借的互助性质不能够对等使得借无法大量发展,但借的需求依然存在,这个看似暂时的困难却又不得不解决,偷抢的代价又太大,所以附加条件的借便很容易产生——付息与保证措施。如此,贷的市场便产生了,这是借的变通手段和升级方案,也是交换的一个衍生市场。由于贷可以收息,并有保证措施,如此作为一个商业经营便发展起来了,所以贷的规模比借的规模要大许多。由于交换初期交换利益的巨大,尤其是贸易利益巨大,这导致了制造业的大发展,而制造业的大发展必然对资金的需求巨大,而且此时处于交换经济的扩张期,那么贷的业务和利润都十分巨大,是银行业发展的黄金时期。如此,以贷款为主业的银行业就迅速膨胀起来。银行是个双向贷的业务,即向别人贷,也贷给别人,这两者都有保证措施。由于付息告贷可以得到很多的社会资金,而且这些资金对促进经济发展具有很大的影响,所以贷的业务就是一个重要的金融工具。但未来银行业随着交换经济规模的回落而会变得生存艰难,这个是显而易见的,不作论述。

由于告贷者的本身就是处于劣势,所以其能否如数按期归还也不是其个人的愿望能够决定的,也不是重视不重视信用能够解决的,而是他的能力和所从事的行业是否处于增长期。如果他个人能力不强,而所处行业又处于非主导行业的上升期,那么他是无法如数按期归还物品的,只有再次告贷以延续时间,或者以其原有资产抵偿,那么他就进入了恶性循环。所以贷的前提是个人能力强,处于上升期的事业,现有的资产可以抵偿。那些想通过发放小额贷款进行扶贫的想法是完全错误的,如果这个穷人不是有能力,但由于客观原因出现的暂时困难,那么他就是无法致富的弱势群体,其能力是无法偿还付息的贷款的,这些人只有享受免费的救济,以解决社会问题,而非解决经济问题。贷款助学的情况会好些,起码方向正确,它可以寄希望于这些贷款人的未来能力是增长的。

借的另一个变种就是赊,这是基于暂时困难和具有信用的基础上,加上具有可以预见的未来收益,而在熟人之间的一种借的形式,其规模也不会很大,只会在个人层面上解决困难,而不会在宏观层面上对经济发展起到多大作用。

2. 债

债是借的对应物,是借的行为发生后至归还前的一个事实存在的权益。由于出借人的身份不同,债可以分为私债和公债,私债总体还有些互助性质,规模较小,其对经济发展的影响不是很大,所以此处不作多的讨论。而公债由于可以公开募集,资金巨大,对于经济的发展可以起到一定的作用,所以公债在性质上应该属于金融工具,而非普通经济困难时的互助而形成私债一样。公开发债实际是那些只会就事论事的经济学家的主意,既可以推动经济发展,又可以抑制通货膨胀,吸收了社会资金还可以给社会大众一些利息回报,似乎是一石三鸟的好事。

经济的脚步——对《自然而然地生长》的补充解释之一

但这些都是基于交换经济能够不断扩张的前提下才可以,我们发债实际是基于具体的行业或项目,最多也就是一段时间内的经济趋于良好的态势而做出的,但由于债的规模过于大,在一段时间内收回投资是不可能的,所以只有再发行不同期限的债,这样为债市的平稳过渡提供腾挪空间,其实这样也就是借新还旧。由于时间变长,成本也就变大,而且经济形势会发生重大变化,那么债市的风险就会急剧上升。

同时由于债必须还本付息,所以债具有刚性的特点,尤其作为一个政府公开发行的债,其数量较大,而且是通过公开市场交易的发行,那么债市就对这个政府的货币政策有着巨大的制约作用,尤其是政府债的数量变得巨大的时候。因为货币政策的宽松会导致货币的贬值预期增强,那么 5 年、10 年以后才能够赎回的债,到那时还能够值多少钱?这是每一个在债市交易人高度关注的问题,所以这个预期一定会导致债市的崩盘,那么其带来的影响可想而知。所以债市对币值的变化是十分敏感的。但如果不选择货币贬值的货币政策,同样债的刚性也对经济有着非常强的制约作用,那就是刚性的本金和刚性的利息。这些都必须兑付,如果债的规模超过一定的限度,收入无法冲抵利息,其后果是可想而知的。对于一个国家而言,其财政收入在经济下滑的通道里,而债在刚性支出和对货币政策的约束的条件下,使政府无法正常运行,这在发达国家已经出现,中国目前也面临这个问题。进退无良策,只寄希望于发展来解决问题,但经济的到顶已经没有很大规模的行业再会出现而来化解这个问题,所以非常难办。只有把公开交易的债转为银行债务,然后通过货币贬值才能够化解一时之危。长期看结局是一样的,货币体系的崩溃,分配经济来代替交换经济。

3. 股份

股份是一个更为具体的制度设计,表明你对某个资产拥有一份所有权,但又无法直接占有和使用,有的只是一个收益权和表决权。这实际是个用收益权为诱饵的筹资方法,尤其对于巨大的项目或企业来说,甚至能够以收益为诱饵转嫁投资危机,尽管这样的事情也会发生,但股份作为一个可以吸纳社会大众闲散资金为大的项目或企业发展提供支持也不失为一个良好的选项。拥有一份股份不代表你拥有这个企业,也不代表你可以处置这份资产,更不代表对这个企业有控制权,所以股份的作用就是分红和可以监督,如此的狭隘必然导致对股份制度发展的不利,于是股票的出现,尤其是股市的出现解决了股份制度发展的瓶颈,因为这个具有收益权的股份可以很容易地转让出去,而且还可能溢价,这样股份的制度就可以得到全面的发展。股份之间的买卖实际不是具体的物品,而是一种权益,是收益权和所有权的证明而已,这样的交易实际是虚拟的交易,是交换制度的衍生市场。由于具有收益和变现的两种功用,所以股市可以为经济发展筹集到非常巨量的资金,这对经济的发展有利。

由于股票市场是个弹性很大的市场,尤其是二级市场的股票投资,企业究竟有多少收益,你无法知道准确的数值,公布出来的数值也不具有刚性。公司的前景、无形资产等都可以往股票里装,除了硬性的分红政策,其他都可以虚化,包括资产。所以作为交换经济的筹资渠道,股市要比债市要好一些,因为债的刚性使得货币政策受制约,而股票的价格却是灵活的,宽松的货币政策只受货币政策自身的制约,而与股市无关。

扩张型的货币政策,尤其以凯恩斯的名义工资增长为代表的扩张

经济的脚步——对《自然而然地生长》的补充解释之一

政策,随着交换经济扩张期的结束而变得失效,而且为交换经济的进一步发展带来一系列不小的障碍,那就是市场上过多的货币,必然会受到债市的制约,货币的贬值会引发债市的震荡,由此带来其他的各种震荡,这对经济的发展带来极为不利影响。目前发达国家深受扩张政策和巨大规模债市的困扰,而无法摆脱。尤其在人类交换经济的规模发展到了顶峰后,即所谓的中等收入以后,社会主导产业越来越小,规模越来越小,那么货币的扩张就无法用产业的扩张来填平,那么多发的货币就使物价奇高,既影响货币的信用,又影响原有的产业经营。因为技术的成熟,使得这些产品的生产已经非常容易,按照本书的价格理论这些商品的价格将会不断降低,人们的生活非常容易,哪怕没有工作。但过多的货币刚好把情况搞成与之相反。当然,全球上最发达的国家目前还可以寻求国外市场,以为转嫁这样的危机提供时间和方法,但在全球经济发展越来越均衡的情况下,交换经济就只有死路一条,不得不转为分配经济时代。

所以扩张政策,尤其是货币的扩张政策已经随着发达资本主义国家的经济发展而要退出历史舞台了。美国现在推出了央行缩表就表明了已经有人看到这个问题了。中国也跟着进行央行缩表,按经济阶段来说,中国的央行缩表还为时过早,但考虑到一是中国城市地产过剩太多、二是公开发债规模也过大这两个原因,也有人认为这时也是合适的,但这样做必然会给有些人本应在交换经济时代完成其城市化的美梦,可能就无法实现了。通过加大扶贫力度也许是某些人认为可以解决问题的办法,但这种办法就像本该趁着涨潮一下子把东西都运过去,结果由于一时的犹豫把大部分的东西运过去了,而把以小部分留在了对岸,等退潮了,我们还得一件件地运,费力且效率慢。相当于继续膨胀的政策要面临的震荡风险,我们无法分析哪个选择的损失更小些,或许现在的缩表更为合理些。

如此看来交换经济未来一个时期内的主要任务,是能够正常地循环,而非增长,只要不发生大的震荡,经济能够平稳地循环,人们能够很好地生活,个性的消费需要个人特别努力。社会期待技术的创新和发展,而经济已经不再是社会发展的主要任务了。或许索罗斯说全球进入通缩期也是指这个意思,如果是这个意思那么他的说法就不够准确,因为现在发达国家进入了通缩模式。而很多国家还很落后,还在交换的膨胀期内,所以这些国家还将处于膨胀期。

4. 期货等交易

期货市场就是未来的市场价格的上涨或下跌进行交易的,实际可能和目的的商品或金融产品没有一点关系,不需要对实际的商品或金融产品进行交易,只对其涨与跌进行交易。这样的交易已经不再是最初的交易了,甚至连交易的目的、方式和作用都和最初的交易都不一样的,这就是在交换机制的社会环境下,各种不同情况诞生出许多新的交易方式,包括出租、票据等这样的交易,这些都是具有交易的本质特点,而根据不同的情况对交换进行的新的发展,这些都对交换经济的发展起到了很大的作用。

六　影响交换的其他因素

人类的经济因素就其本质而言就是人的本身和自然资源,就是人的需求通过人的劳动来改造和利用自然资源的过程。但人类是个群体,那么群体中的个体要实现这样的改造和利用过程,就有一个是否能够占有资源的问题。能否占有资源,又引发了与其他人之间的关系问题,自己能否占有又影响到别人如何满足他们的需求,由此带来社会制度的问题。社会制度的确立便改变了人类经济中单纯的人与自然的关系,那么个体之间通过掠夺、交换以及政府的分配来作为个体的自我需求实现方式就不断地在人类历史上轮番上演,因此,法律、货币等因素,也自然成为影响经济的因素。影响交换经济的主要因素除了法律和社会制度外,还有货币、技术等。以下做简单的分析。

(一)人口与就业

经济的实质是人类在物质需求层次的问题,就是人类在生存过程中,是由人类对物质的需求与实现过程中所产生的全部内容,简单说就是人类关于物资的生产和消费问题。由于消费是个体最直接和最重要的目的,即使是得到的物资不是为了自己直接消费,也是为了将来更好

六　影响交换的其他因素

的消费,所以最终的目的还是消费,而能否获得物资即能否满足消费,却和社会分配制度密切相关,所以人们常常把消费忽略掉,把人类的经济问题说成生产和分配问题。人既是物资的生产者,又是消费者,所以人类自身是经济最关键的因素,可以说没有人就不会有所谓的经济。人类对于经济的影响,其实就两个方面即人口的数量和就业。

人口数量也是从两个方面对人类经济产生影响:一是人口对于经济而言,人口也就意味着物质需求的总规模;对于市场经济而言,也就是决定了市场的大小。二是人口为人类需求的物资的产出提供体能和智能支持,也在某种程度上决定了物资产出的总能力;对于市场经济而言,就是总供给。

物资的产出受人类社会的生产能力决定的,人类历史上物资的产出就经历两个大的阶段,即总量绝对不足而相对过剩的阶段和总量绝对过剩而相对不足的阶段。所以在物资的产出问题外,还有一个如何分配的问题。人类是群体的存在,就决定了物资产出后还必然面临一个分配的问题,因此,物资的产出和分配问题,都是人类这个群体自身与生俱来的问题。生产水平的不同、分配方式的不同以及围绕二者的运行而涉及的政治、所有制度等因素就构成了人类经济的全部内涵。人类历史上出现了不同的经济形式,其他形式的经济我们就不再讨论了,主要讨论交换经济与人口的关系。

人类是群体的存在。但群体的存在却又有个物质的生产能力和消费水平的不一致的问题,同时又决定了人类存在的数量和生产水平有个是否匹配的问题,所以人口的数量要有个适度规模。这个规模是和技术水平密切相连的,在社会生产技术极低的情况下,人类全部的精力都用于社会生产以满足生存的物质需求,那么这时的人口是越多越好,

经济的脚步——对《自然而然地生长》的补充解释之一

这在人类历史上是出现过的情形。在十五世纪前,衡量一个国家的实力的一个重要指标就是人口数量。但物资的匮乏,医疗技术的低下和战争等原因,这时的人口增长却受到很大制约。

个体能否获得物资是每一个个体存在的前提,所以人口数量的增长还受分配制度的影响。经济发展的水平为人口的增长提供了物质条件,但是不同的经济制度又对人口的增长起到了限制作用,因为不同的经济制度下个体获得物资的难度是不同的,而且生存方式是不同的,自然生存的难度也是不同的。尤其是奴隶制对人口增长的限制十分明显,封建社会的初期也是如此,在封建社会的后期人口的增长受到这种制度的约束才减少些,因为这时的社会生产技术已经达到了一定水平,社会物资已经足够富足到可以满足每个人的物质需求,而这时由于分配制度导致的物资分配不平衡的情况比较严重而已,但富裕的社会物资即使是在私有的制度下,也已经使得许多人能够很好的生活,从而使得社会人口得到增加。当然战争和疾病的因素除外。交换经济这种制度对人口的增长也同样有限制作用,因为每一个人都必须能够获得物资才能够生存,而能够获得物资就必须有足够的能力在市场中为其他人提供别人需要的东西,并不是每一个人都能够为其他人提供出必需的东西,所以个体的生存并不轻松,但交换的发展,生产技术的极大进步,丰富的社会生产能力为人口的增长提供了较好的条件。

人口的发展除了社会经济的发展条件的影响外,还受个人生育欲望的影响。人类在温饱线上挣扎的时候个人生育的愿望最强烈,以后随着财富状况的变好,个人的生育欲望反而逐渐变小了,因为这时个人可以摆脱生活的羁绊,实现自己人身的自由与愿望,说得现实点就是人有了更多的闲暇和娱乐,所以他不再愿意把自己的全部人生拿出来为

六　影响交换的其他因素

生活而操劳,而愿意享有更多的闲暇。生育是个羁绊和责任,那么自然生育的愿望就降低了。社会生产技术的进步使得劳动生产效率得到提高,社会不需要每一个人去努力劳动而社会人口所需的物资也能够很好地得到满足。那么人生育的欲望就会下降,目前发达国家已经出现了这样的局面。

未来社会生产技术的更进一步的发展,尤其是智能机械的运用,使得社会中大部分人可以从繁重的劳动中解脱出来,那么社会人口相对于社会生产的需求有了太多的富余,这时个人的生育欲望可能很小,而且人口的增加可能被严格地管制着,不是谁想生育就能够生育的。

人类的生育经历两个阶段:一是自然的生育阶段,二是社会控制的生育阶段。

对于市场经济而言,由于人的物质需求都是要靠彼此交换来实现的,那么每一个人都必须拥有一定量的可以用来彼此交换的物资,这些物资必须靠人类的劳动才能够得到。因此,劳动不仅是社会物资产出的关键手段,也是每一个人需求实现的方式。所以这样就有一个消费物品的出路和来路的问题,出路是消费,来路是劳动,但对于社会中每一个人的物质需求都必须既有出路,又有来路。那么就要保证每一个需求的人既有物资用于消费,又有获得物资的路径。对于交换经济的市场来说,对于个人要保证自己的需求就必须靠劳动,因为从全社会和长时间周期看,没有谁或者家族能够不劳动而一直靠原有的资源来生存的,所以每一个人都必须劳动,只不过是劳动的方式不同而已。所以在交换经济中就业就是关乎每一个人能否生存的大问题。

保证每一个人都能够有劳动的机会和通过劳动得到可以满足自己所需的物资,这是保证交换能够正常运行的条件。同样人口与交换经

经济的脚步——对《自然而然地生长》的补充解释之一

济就有一个匹配的适度的规模问题。那就是既要保证每一个人都能够得到物资,而且还必须保证他有得到物资的方法,即要保证每一个人都有就业的机会。这样人口的规模和经济发展水平是适度的。就是社会的最顶层到最底层,每一层的人口配置都是合理的,社会的所有行业里的人口配置也是合理的,而且社会的各层都运转正常,每一个行业都有人工作,每一个行业都有产出或收入,而且每一个行业的从业者都能够通过劳动在市场上交换回自己所需的物品。但现实的社会不是这样,而是由于竞争的存在使得生产技术不断进步,结果是在不需要很多人劳动的同时也能够保证全社会人的物质需求,就是生产这头很容易就完成了,但消费那头却出现问题了,就是由于技术进步导致那些无法就业的人就没有收入来源,那么他们的消费需求就无法实现,这样出现了人口剩余,这部分人被经济循环挤出循环以外了。所以交换经济的竞争机制就会不断地挤出一些人,使得这些人没有机会工作,这就是交换经济机制带来的问题。随着技术的进步这些人的规模会越来越大,那么交换经济的运行就会成为问题。当然最初可能对交换经济的发展有好处,就业的竞争可能加剧了商业的竞争,使得社会重视个人能力和素质的提高,从而从总体上推动社会进步。当然这些人并非一定都是低层次的人,普通的人如果老实肯干也是社会的需要人才之一。反而是那些所谓的精英分子,在商界、政界等失利者也是这些人的构成者。所以竞争失败变成失业者这样的一个竞争过程,而非必定是某一部分人必定失业,在现实中却能够长期掩盖了技术进步使得社会中必定有一定的人口失业的事实,而且让广大社会大众能够接受,最初只是表现为各行各业的失败者,这种表现让人理解为这样的失业是应当的,而且最初的失业表现为暂时的,不是某个人一生都无法就业。但技术的进步

六 影响交换的其他因素

这样的一个情况必然会到来,那就是有些人明显是必然失业而且不是暂时失业,这时交换经济的发展也就到了该要转变的时候了。这时表现的是人口的严重相对过剩,这时似乎又进入一个怪圈,满足现有人口的生存需求而从事生产的人口可以很少,所以对于交换机制而言,那些不需要参与生产以上就是多余的,只有必须从事生产的人口才是必需的。那么很少的必需人口又进一步减少了生产所需的人口,生产人口的减少决定了社会必须人口的减少,如此循环,这个世界就不需要几个人了。那么可能就是世界还有一个最低的人口规模。那时就无论需求与供给了,只讲人类的存在所必需的人口。这可能在将来的社会也是这样,只不过是表现的主导社会的人口方面,而其他的人口就如同基因样板一样被社会保存,人自然也被社会所无条件供养。这样的挤出机制使得交换经济出现社会断层,这些人就像沉淀在水底失去生命力的尘埃一样。

交换机制下单纯物质需求的满足作为人类进步的动力,最终使我们发现无法安放人类自身。所以在人类物质需求能够满足的生产技术水平的条件下,人类的价值需求就要登上历史舞台,追求个人的人生意义或体现人生价值的努力成为推动人类发展的力量,那么许多人的物质需求就能够得到满足而且不需要任何附加条件,只要是个人就会得到物质的满足。但个体之间生存状况的好坏,完全取决于个人的才能与能力水平。所以社会存在的状态和情况就完全发生了变化,与现在完全不是一个概念。

依靠自己的努力来获得生存所需要的物资是地球上每一个动物存在的天然状态,也就是说每一个动物都要靠自己的劳动来满足自己的物质需求,人类当然也不例外,只不过人类这个高等级的动物的群体存

经济的脚步——对《自然而然地生长》的补充解释之一

在和技术进步使得人类的劳动出现社会分工和强度减轻的局面。人类由于是群体的存在,而且是分布在不同的区域,面临的是不同的自然环境,由于群体的内部和群体之间都形成了不同的分工,所以人类的劳动和动物界的劳动不同,动物界处于分散的自然状态,它们需要每一个都要面对自然界而付出劳动,而人类由于形成有组织的社会后,其劳动是有分工和秩序的。内部的分工是个体能力的差异和竞争两个原因造成的,如男女之间的差别使得一个部落内部形成了男女之间的社会分工,而竞争是形成内部分工的重要原因,由于竞争形成了社会统治,建立了社会秩序,于是强制的社会分工在一个人类群体内部就形成了。而不同区域的人类由于面临的资源不同,形成不同的物资产品和不同的生产技术,那么自然形成了不同群体之间的社会分工。这些局面对于一个人类个体的就业产生了决定性的影响,使得人类的就业完全摆脱了动物界中的那种自然状态。

人类社会形成的政治和经济制度,尤其是经济制度对人类内部的劳动分工和秩序安排起到决定性的作用。在交换经济的社会制度下,社会内部的就业秩序决定于,第一是由于政治秩序形成的劳动秩序,第二是受经济运行要求形成的劳动分工。这两个原因决定了每个人在社会中的就业位置、性质的不同。这样一个社会就会形成一个庞大而相互联系的网,每一个人都是这个网中的一个结点,并与其他人的劳动是相互联系着的。在这样的状况下,由于交换机制是个竞争机制,那么就业就有个收入高低的问题,个人能力的差别成为能否就业和收入高低的关键。就业最重要的作用就是为劳动者提供收入,这个收入是维护交换经济循环的前提。劳动者为社会生产提供体能或智能的劳动而获得收入,这些收入是满足自己交换其他生存所需的必要条件。而为社会生产提供体能或智能的劳动是生产的技术水平所决定的,尤其是体能劳动。一个社会的生产技术水平不高,那么其生产效率就低,而全社会的物质需求的生产就自然要靠广大社会大众的提供劳动才能够完成,如生产技术水平高了,那么对于体能的依赖就少了。所以就业即是社会的需要,也是个体的需要。为交换即提供物品,又为交换提供购买物品的工资收入。所以就业是交换经济能否正常循环中重要的一个环节。

对于同一个市场内,其全员需要就业却和交换经济的竞争机制有着天然的矛盾。交换机制下理论上是要求全员就业。市场经济的本质就是彼此交换,而彼此的交换就需要彼此都有一定量可以交换的东西,所以交换经济使得每一个人的存活都必须从市场上交换回自己的生存所需要的东西,那么每一个人都必须用自己已经拥有的东西去与别人进行交换,因此一个先天拥有多少可以用来交换的东西是一个人需不需要去用自己的劳动换来生产所需的先决条件。一个人如果不劳动,那么他拥有的资源是否能够满足他一生与人去交换自己所需的需要,这是很难做到的。所以理论上在交换经济的社会环境中每一个人最终都必须付出劳动才能够在市场上很好的生存。但是在交换的初期由于强权政治的遗存,有些人可以凭借分封的资产或身份,如贵族等而不需要付出劳动就可以获得自己生存所需,但随着交换经济的发展,许多国家这样的制度都被废除了,只有很少的国家保留了这样的制度,但范围也大大缩小了,顶多只涉及几个国家领导人级别的分封制度还被保留着,社会绝大多数人都必须劳动以交换自己的所需。尽管社会上看似只有大众在劳动,实际社会只是分工不同,现在社会的国家领导人实际也是个职业,他早就没有了原来国家领导人那种能够占有国家的特权,

经济的脚步——对《自然而然地生长》的补充解释之一

他无非是靠自己的劳动来获取工资而已。富有的企业主同样也不是靠分封形成的特权，而是靠自己的辛勤劳动获得的财富来供自己的生存所需。所以在交换经济的社会机制下，人人都是靠自己的劳动来生存的，而社会经济的发展也是靠人人的劳动来实现的。

交换经济的竞争性使得企业生产为了获得在竞争中的优势，天然有减少用工的倾向，竞争导致生产技术的进步，而进步的生产技术却天然和充分就业有着冲突。交换经济的发展与全员就业本身就是一个天然的矛盾体。

在现代市场经济中如何解决全员就业问题就是一个挑战。第一，面临技术进步对就业的挑战，在人类生产水平低下的情况下，社会生产对人类体能有着极大的依赖，而随着生产技术水平的提高，尤其是动力机械的出现，社会生产对人类体能的依赖就大大降低了，未来随着智能机械的大量运用，社会生产对于社会中个体的依赖就大大降低。这种由于技术进步导致对人的体能劳动不再依赖而必然引发大量的失业。第二，在交换经济时代里，交换经济的主导产业的更换也会导致社会就业的巨大波动。一个主导产业的兴起，必然带动一轮新经济的发展，那么就必然给社会增加许多新的就业机会。而一个主导产业的兴起后在变成一个成熟产业时，而新的主导产业还没有兴起时，这时社会就业就会大幅滑落，加剧经济萧条。交换经济发展的最终会导致全员的主导需求不再出现，那么这样的主导产业也就不会再出现，取而代之的是新的个性化的部分需求，为此形成的产业规模远小于社会的主导产业，这时社会就业就无法满足，失业会成为一部分人的必然结果，那么交换经济也就必须走向另外一个人类的经济时代——分配经济。

从不同的市场之间考察，我们会发现工资收入和就业意愿，又受到

六　影响交换的其他因素

一个市场内部的经济条件的影响。一个富裕的国家,社会大众的生活有保障,或者还都有些资产,那么这个国家的工资就必然要高,而且就业意愿低。因为富裕的人们不再为当下或稍后的后续需求而发愁,那么他可以有挑选的余地和选择的时间、空间,而一个贫穷的人当下的需求和稍后的需求都还没有着落,他要急迫地实现它,那么他就没有挑选的余地和选择的时间,否则他就要受到需求无法满足的痛苦的煎熬。有经济学家提出降低工资扩大就业,这完全是脱离社会,脱离人类本性来凭空讨论经济学的问题。工资水平是和一个国家或地区的富裕程度密切相关的,而且是正相关。所以凯恩斯关于提高名义工资的做法很有效,对于推动市场的货币增长起到很多作用,是个不断递推的过程,会把市场的货币推到很高的水平,此时经济又出现了新问题。因为对于一个市场,其人口数量是一定的,如果市场发展已经过了交换的扩张期,那么这个市场的商品的消费量也就是一个定值,而为了维护工资的增长,货币无疑就在市场上沉积下来,那么就会扰乱市场。所以凯恩斯的理论在交换经济进入收缩期是不能够使用的。

扩大就业实际是主导行业的兴起带来的副产物,因为就业主要是社会生产规模的扩大,才会带来就业的需求,而生产规模的扩大必定是行业的兴起,这时社会对行业产品的需求逐渐在扩大,生产商看到利润才会扩大投资增加生产,否则,生产商不会扩大规模的。因此社会主导产业的兴起与衰落必然带来就业的增长与减少,这对于交换经济来说是个叠加效应,就是经济好了会更好,坏了会更坏。而引起社会动荡,这种动荡就像雪崩或海啸威力巨大,对社会经济的创伤也是非常严重的,所以许多优秀的经济学家都去研究如何阻止这样动荡的发生。结果是在主导行业兴起后,经济出现过热时,他们忙着降温;在主导行业退去，经济过冷时，他们忙着研究加热，凯恩斯就是这样经济学家的杰出代表。但他们就像给病人看病的医生，病人发烧就打退烧针，病人发冷就赶紧给病人吃发热的药，却没有去研究病因。主导行业在经济循环中只是一个次级的经济循环，他们却视而不见。一个国家应当对一个主导行业的兴起、发展及退出做出一个可控的规划，这样自然就避免了经济的动荡。而现在是对主导行业的兴起视而不见，听任其发展，结果行业兴起而社会投资一哄而上，结果是行业很快就出现衰落，留下哀鸿一片，浪费社会的财力物力。由于交换经济的竞争机制可以使得社会经济发生财富集聚、技术进步、主导产业的更换，使得就业发生变化。所以就业理论上应当是经济危机时困难、膨胀时容易，是个一荣俱荣的现象。如何解决这个问题，使得经济能够健康持续的发展，看来是十分困难和不符合交换经济规律的。由于生产技术的发展又使得部分人的劳动付出即可以满足社会大众的生存所需，所以福利分配就必然出现，那么交换经济就逐步退出经济的发展舞台。

（二）自然资源

自然资源是人类赖以生存的基础，人类通过对自然资源的利用或改造后再利用才得以生存，所以自然资源对于人类是至关重要的因素。但自然资源的利用必须经过人类的劳动才能实现人类物质需求的满足，哪怕是成熟的果子也需要人去采摘才能够供人类消费掉，否则，再富饶的自然资源也不能够自动满足人的需求。所以自然资源对于人类生存而言是第一重要的因素，但对于经济的发展却是第二位的重要因素。因为没有自然资源是无法生存的，但如何实现人类的物质需求，却

六 影响交换的其他因素

必须有人类劳动的参与才能够实现,所以经济发展的决定因素当然是人类的劳动,尤其是智能劳动。这就是有些经济学家所说的资源禀赋诅咒说的根源。资源条件优厚的地区或人群就会忽略人类自身的努力,而资源稀缺的地区或人群就会加倍努力,那么人类的努力劳动是决定经济的第一因素,自然是资源条件差的地区或人群的经济发达,而资源条件优厚的地区或人群的经济不发达。

自然资源由于其先天具有多种多样性,这些不同的资源先天具有各自的物理、化学、生物等性质,那么它们的生产、利用、加工等环节的技术就不会相同,这就产生了不同自然资源间先天具有的不同的功用、生产技术和利用价值。这就产生了不同的生产技术和不同的产品,这就为人类的交换创造了先天条件。人类历史上不同的人群由于掌握了不同的自然资源而形成了不同的产品和生产技术,如海边的人们形成了航海技术和渔业技术,生产出鱼类产品和其他海洋产品,而高山上的人们形成了捕猎和林业生产技术,也生产出林业产品和肉类产品。当然如草原上的人们、陆地上的人们都因他们可以使用的资源不同而形成了不同的生产技术和产品,这就不一一列举了。

由于不同地域分布的资源是不同的,而人类对自然资源是依赖的,所以最先到达这个地区的人们自然就会把这个地区的资源视为己有,无论是谁来侵占都会遭到最为严厉的反抗,所以一个地域的资源是和归谁所有密不可分的。地域和人群是一个有限市场的构成要件,所以自然资源是归属于各个不同的市场的,这就是世界贸易的原因。

由于生存的需要,所以每一个人的存在都必须多多少少要占有一些资源,这些资源不仅仅局限在自然资源,但必须有自然资源的成分在内,无论是谁都离不开食物的需求。而不同地区的人群同样也要占有一定的资源才能够生存。此为人类社会人与人、人群与人群之间发生争斗的根本原因,也是导致不同社会制度的根本原因,使得人与人之间基本是竞争的社会关系。其次这也是导致国家之间发生战争的根本原因。

经济学上的资源稀缺性原理实际是个伪命题,因为资源的稀缺实际都是暂时的,不可能长久。因为从整个人类的全体来看人力的消耗与资源的供给问题,这实际是个皮与毛的关系。如果没有资源的供给,那么长期来看人口的数量就必须来调整以适应资源供给。而且,技术进步可以解决资源的稀缺,一切资源的稀缺实际是技术落后造成的,只要有足够先进的技术任何资源的稀缺都可以得到解决或替代。当然这里同样也有个暂时稀缺的问题,而且人类内部分配还有个相对不公带来的稀缺问题。这样情况的产生会带来人类内部的战争。但随着技术的进步,人类利用资源的能力和效率都得到很大的提高,而且人类利用资源的品种也在不断扩大,所以资源稀缺问题最终会得到解决。因此,那些在投资上押注资源稀缺者,也只能是短期行为,否则,他将会输得很惨。所以从整个人类角度来看,技术的进步使得人类可以利用的资源得到扩大,而使得财富变得丰富,但就某个具体的资源而言却会因技术的进步而价格下降。

(三)货币

货币本身不是财富,但因其拥有现实的购买力,而被暂时赋予了财富性质。一般认为货币的价值应与金银的数量对应,或者说应该与一个市场内的商品资产总量相对应,而实际上货币与什么都可以不对应,

六　影响交换的其他因素

货币是个独立的因素,是个交换的工具而已,它与商品和资产的总量是相互度量的关系。持有币值稳定观点的人实际是没有弄清商品价格的实质,也没有弄清交换经济的财富是如何转移和沉淀的。

货币在交换经济中起到的重要作用是毋庸置疑的,可以说没有货币就没有今天世界市场上的经济繁荣。交换的制度和货币是市场经济的双翼,相伴相生。交换在人类的历史上总的来看有两个阶段和两种性质:一种是个体兴趣的交换,一种是作为社会制度存在的交换。在禁止偷窃的法律之前个体之间就会有交换的情形,但这个阶段属于个体的兴趣的交换,然后是法律的实行,而使得交换成为社会制度性质的交换,最明显的代表就是市场经济时代,之后在分配的时代个体之间也还会有交换的存在,这同样是个体兴趣性质的交换。

1. 货币的产生

不是交换就必然产生货币,个人兴趣之间的交换与货币无关,货币是在交换成为一种社会制度后才会产生,因为社会中的每个人都必须通过交换来满足自己的物质需求,所以在广泛的交换过程中每一个人都需要规避交换风险,如此的需求和选择是诞生货币的原因。由于交换是法律的副产物,所以没有一个人或者政府能够在交换的出现过程中,同时来为交换设计规则或维护交换的安全,所以交换的出现和发展完全是个自发的过程,只是到了交换成为一个社会制度后,才由政府出面来为交换制定一些规则以维护交易的安全,因此,货币的诞生也是自发形成的。在自发的交换中如何规避风险,自然就寄托在交易的物品自身,依赖物品自身的价值和在交换中所受到的欢迎程度,也就是和现代所说的变现能力类似。这是个自然的选择和发展过程,这个过程起到作用的是人的理性和神奇式思维的结果,那些稀少而漂亮的物品在

经济的脚步——对《自然而然地生长》的补充解释之一

人的有限理性思考中就被认定是个超值的宝物,加上人类的神奇式思维,更让人确信自己拿到的那个漂亮而又稀少的羽毛就是上帝馈赠给他这个幸运之人的宝物,所以这个羽毛就会成为交换中广受欢迎的物品。这就是货币诞生的原因和简单的过程。什么物品能够成为货币的逻辑其实很简单,就是第一要漂亮,人见人爱;第二稀少,获得困难。货币的诞生是基于人类的神奇式思维,而非务实判断。对于那些稀少而漂亮的物品会被人类的神奇式思维赋予了珍宝的意义,在交换中人们会首先接受这样的物品,而不去接受我们普通人认为有价值的粮食、牛羊这些普通物品;相反,他们愿意用这些看似有价值的物品去换那些看似没有价值,但稀有而漂亮的物品。这看似不合情理,但事实就是这样发生的,而且我们人类现在还在不断上演这样的故事。那些愿意花大笔现金去购买古董、名人字画、珠宝钻石,都是这样的思维方式。所以货币绝不可能在普通消费品中产生,通过在交换中承担一般等价物的角色而演变成为货币的。因为那样的话,普通商品很快会被大量的生产,那么这个商品将成为市场最多的商品,用它去和其他商品交换,那么生产这种商品的商家必将破产,因为只有它的价格是最低的。必定是稀少而漂亮的物品才能够承担一般交换工具的角色,金银成为货币也是因为其最初的产出困难,数量稀少而颜色诱人,后来则是社会有意识地规定金银为货币,就像现在的纸币一样。所以对于一个没有实际消费意义的货币,其本身不是需求的目标,只是个交换的工具。但由于其稀有和漂亮的特性而被人们视为珍宝,这样的交换使得人们乐意接受,而且会认为自己用普通物品与之进行的交换是个超值的买卖,这样不但就可以规避交换中的损失,而且可以在需要的时候再转卖出去以实现自己的需求,所以其能够在交换中被普遍接受而成为货币。由于货币会被认为是珍宝,而被认为是珍宝就会在交换中被广泛接受,那么被广泛接受就具备了货币的本质。所以能够被广泛接受是货币的本质特征。现代纸币或数字货币保持币值稳定的要求仍然是基于交换货币被视为珍宝的特征。这个货币的性质迷惑了很多人,让人对货币有着神秘感,认为货币是个具有神奇力量的东西而使货币具有超级的价值,同时又把货币附加了财富性质,认为货币就是财富的本身。其实他们没有看到货币就是交换制度下避免交易损失的工具,只不过是在最早的交换时期,这种避险是依赖于货币这种物品本身。这个依赖货币这个物品本身的选择,同样让许多经济学者迷惑,他们据此认为货币本身必须具有价值,然后以自己的价值来衡量其他商品的价值,也就是价格。其实这样的看法是没有理解货币就是一个工具的性质,而理解为货币是与商品的价值比较的关系。这种理解其实有一个非常浅显的逻辑漏洞,那就是货币的数量发生变化的情况下,货币数量与商品数量的比较关系,必然会影响价格,这样就无法用货币的价值去度量商品,这两种其实是相互度量的,无论在金银货币还是纸币时代,没有币值不变化的。因此,无法存在一个稳定不变价值的东西,并以此物的价值去衡量其他商品的价值,即价格。所以,货币本身具有价值也是一个无法实现的问题。

所以现代的货币制度中最重要的就是货币的发行权,因为发行权可以决定货币的发行量,这直接决定了货币的币值是否稳定。

因此,货币的实质作用是能够维护交易安全的工具,这种维护交易安全可以依赖货币自身,也可以依赖人为设定的制度来维护交易安全。这就是为什么现代社会可以用没有实际价值的纸币和数字来充当货币的原因。因为通过制定货币发行的相关法律制度,以确保货币的广泛被接受和控制货币的发行量就可以达到这样的要求。

从这个角度来说货币制度的制定和货币的发行就是人为强制建立了一个等价交易的交换制度,这个制度以货币为具体实现工具,就像中国古代调兵的兵符一样。如果没有制度在先,那么做个兵符又有什么用途?所以准确地说货币即代表了等价交易制度,又代表了等价交易的工具。

2. 货币的发展历程

货币的产生过程经历了两个过程、四个阶段。两个过程:一个自发的过程,从人们在交易中规避损失的本能发展而来的,这时是依靠货币这个物品的本身特性;二是意识的过程,最早是由社会大众的意识,然后逐渐上升为国家意志,才使货币逐渐回归到其本身应有的面目即交换的工具。四个阶段:一是依赖物品珍宝性质阶段,如贝壳等,这样的货币体系诞生与人类获得区域狭小的情况相关,随着人类活动区域或交往的扩大,这些在某个区域内很难得到的物品,实际在别的地方遍地都是,那么这样的货币体系自然就崩溃了。二是非金银的铸币,这也是珍宝物品思路的延续,因为那时冶炼技术低,社会上很少有什么金属,所以统治者用此物铸币,其想法是很明显的,但冶炼技术的发展,金属的数量和品种增多,那么这样的铸币自然也无法为继。三是金银阶段。金银成为货币的理由就不需再说了,但在金银货币的发展后期,由于交换规模的扩大,金银无法适应这种巨额的结算,而被货币经营者票据化,在人们的思维里金银明明白白地存在钱庄里,那么它签出的具有数额的票据是有足够的金银做保证的,于是大家接受这些票据,用于结算业务。殊不知,钱庄在没有监管的情况下,会开出很多的票据,具体说就是钱庄的金银被无数倍的票据化,而且这样的票据还可以被其他的

六 影响交换的其他因素

钱庄或商家背书,这样反复和无数次的背书,钱庄的金银不知被放大多少倍。如果在主导行业的上升期,这一切都好,如果主导行业回落,那灾难是难以想象的可怕。这种以金银为基础货币,以票据为结算的体系就崩溃了。四是票据化的思路诞生了现代的纸币。私有钱庄的无监管使得政府垄断了货币的发行权,这样现代的纸币体系就建立起来了。这种被监管起来的票据业务,实际是人为地控制了货币的发行总量,那么这样的情形就和市场常常出现脱节,所以现代的纸币始终有一个和市场商品与资产总值如何匹配的问题,加上经济的波动,纸币币值如何稳定一直被世人质疑,人们也一直想努力解决这个问题。最早也是与金银挂钩的,其实我看他们这些努力仍然局限在货币是具有价值这个思路,没有认清货币工具的本性,所以一直力求和黄金挂钩,和石油挂钩,和商品、和资产挂钩,目前都没有成功的案例。布雷顿森林体系的失败,美元和石油挂钩现在又脱钩,商品和资产为币值稳定体系的日元,不但经历了经济危机,而且也很难恢复,都是明证。目前全世界的纸币价值体系以哪个为基础的问题一直没有解决,这也是目前全世界金融面临的最大风险。

纸币在无法与金银挂钩后,在实际的运行中纸币的价值自然是和商品的价值挂钩,由于市场在上升期,还没有进入收缩期,所以市场在主导产业和同一主导产业下产品升级的涟漪式的发展,使得市场的商品越来越多,越来越多样,而这时市场的商品还处于总体短缺的时期,只要货币的数量增长不超过商品数量增长必要的限度,那么货币作为商品价格的计量工具是社会大众都能够接受的,这时货币的价值实际是以商品的价值为稳定基础的。但在市场出现总体商品过剩的时期,那么商品由于供给过量,商品的价格就会不断下降,那么货币的数量就

经济的脚步——对《自然而然地生长》的补充解释之一

会显得多余很多，社会大众把货币投放在商品上是危险的，所以社会的货币就会自发投入到资产中，尤其以城市地产为主，这样货币的价值就自然转移到资产上了。只要城市资产没有过剩，那么这种避险的需求就会不断推高资产的价格。这个过程货币的价值问题是以资产来保证的。一旦城市地产过剩，那么灾难将是巨大的，日本就是例子。这个问题说明在一个市场中总有纸币的价值与什么对应的问题，纸币作为一个交换工具，和某个商品或其他的商品是个互相度量的问题。与货币和什么对应的问题就是货币币值如何稳定的问题。与商品和资产对应显然是不可以的，因为商品或资产过剩后就会不断贬值，那么市场中的货币如何处置？与金银对应，尽管过去已经失败，但现在又有人提出，与金银挂钩，甚至美国前总统里根的首席经济顾问明确提出要回到金银货币的时代。这种看法乍看起来似乎很有道理，但是是行不通的。尽管金银符合货币的特征，贵重、稀少，尤其是与商品和资产相比，金银的产量增加远低二者，所以理论上金银作为货币是合适的。但现代的支付数额巨大，电子支付的方便快捷，而金银根本无法做到这些，而且金银的纯度在交割时的检验，也是比较困难的问题，所以金银永远不可能再作为现实中的货币了。由于金银一直有作为货币的理论条件，而且金银成为货币较早，时间很长，是社会大众自发认定的，所以现在各国无论民众和政府都还没有完全摆脱金银就是货币的认识，对金银作为货币一种天然的依恋情结，一直以来把金银就当作货币，起码是一种不流通的应急货币即硬通货，或最后的国际结算手段。因此，许多国家都一直把金银当作硬通货来储藏。所以我们现在应该明白为什么金银一直以来都被国家收藏，这是因为：①已经收藏很多；②如果不继续收藏，那么国家之前的收藏是亏空的；③纸币如果贬值引发震荡，也可以

六 影响交换的其他因素

是个对冲的工具,这是利用了人们对金银天生是货币的观念。所以国家层面一直储藏金银,实际是个应急手段。其实真正的金银对人类的消费没有多大意义,还比不上铜,它的导电性能好,是现代生活必不可少的导电材料。而金银除了可以做一点个人装饰,在笔者看来别无用途。

美元后来是和石油挂钩的,由于认为石油的不可再生和越来越少,而且使用却越来越多,所以这个想法看似完美,但技术进步使得石油的使用逐渐被电所取代,石油不但不缺而且还会无用处,所以这个办法也是失败的。

目前,一国的纸币体系如何稳定其价值是个困扰各国的难题,尤其是发达资本主义国家,包括中国纸币价值体系如何稳定都是个巨大风险。

综上所述,我们可以得出结论,货币不应该和任何对应,就是一个独立的工具,其在交换中的价值表现只能靠货币自身的数量来解决,这个解决完全可以通过政府的货币发行权来解决。政府可以严密监控市场,对市场了解,根据市场的情况调节货币总量,这样货币就完全是个工具,而且是个政府手中的工具。我们把这个问题搞清楚了,就很容易判断像比特币这样的电子货币是不可能成为流通货币的,尽管比特币的设计者是个货币理念十分清楚的人,他设计的比特币是得到困难,数量有限,而且越来越困难,这非常符合货币的理论特征。但由于其数量有限,所以无法满足巨大交易的需求。而一旦数量上可以突破,那么它更无法成为货币。

鉴于货币就是一个工具,其价值的稳定是靠人为的数量控制,那么未来的货币就是数字化,电子支付手段而已,对具有资金池的企业要严控其资金运用业务,把资金池业务全部划归国有控股银行,其他的资金经营业务可以放开。

因此,寄希望货币与什么对应的想法是错误的,那么针对目前市场萎缩的情况,启动央行缩表是个正确的选择,这比选这样那样的替代物正确得多。

3. 货币在交换中的作用

货币作为交换的工具,一是方便了人们之间的交换,实现了人们不同的物质需求,二是在交换中转移了财富。

首先,货币供应量的变化导致社会财富的转移。货币的价值是虚拟的,是被认定的,这和现在的各种珍宝的价格认定是一样的道理。货币并不完全和商品对应,最重要的是第一次货币的投放量,因为第一次的货币投放形成的价格成为今后定价的依据,人们会在这个基础上进行交易以保证自己不在交易中受损。但商品和货币量的变化引起价格的变化,则是无法维持第一次的货币投放时形成的价格,人们不得不接受这样的价格,而且有人会为此付出代价。就这样磕磕绊绊的货币走过了自然发展的过程,而最终成为社会有意识制造的货币阶段,在国家垄断了货币制造权后,货币的发展也是从无节制的发放到有节制的发放,目的是维持货币的社会接受度,也就是物价的稳定。

由于市场存在的时间较长,后来的人们对于第一次投放的货币与商品的比价已无从感知,所以货币最重要的是在货币投放的过程中引起币值变化的过程和程度不能让社会大众感受十分明显才是关键的问题。因为这会让人明显地感觉到持有的货币在贬值,那么就会引发持有货币者对货币的抛弃,而抢购商品。这样就必然导致交换经济体系的崩盘。

六　影响交换的其他因素

而且货币投放量的变化对于市场内的商品价格并不是同比例变化,由于各个商品在市场获取的难易程度不同,那么在不同的货币总量的市场中,不同的商品会按其原来的商品获得的难易程度来重新均分市场内的货币总量,那么不同的商品由于货币的增加其价格的上涨就会不一样,这同样也使持有不同商品的人的财富发生了转移。同理,一个市场内货币数量的多少并不影响市场交换的正常运行,这仅仅是考虑货币与商品的关系,没有考虑经济的发展与萎缩的情况,这些情况将在后面讨论。

其次,商品在市场中供给的数量自身也是变化的,这些商品自身数量的变化就改变了其在市场中获取的难易程度,那么市场上的商品就会按新的商品获取的难易程度来均分市场中的货币,而改变不同商品的价格。这样也可以使财富发生转移。

对于任何一个市场其商品价格的变化是绝对的,稳定是相对的。因为商品的数量和货币的数量都在无时无刻不发生变化,包括劳动力的供应都是变动的,所以一个市场的价格稳定值应该是指某个时刻的市场,而不是一贯的市场如此,最多说是一段时间内的市场如此。

所以现在许多国家把货币越来越多地当作一个调节市场经济的工具,主要是体现在货币的增减对市场的影响,和主导行业的变化与货币的关系以及由此带来的市场经济的影响,这两种情况其实已经成为现代许多国家经济政策的首要政策即货币政策。

4. 市场经济的变化对货币的影响

(1)由于市场上的货币在交换中是循环的,在商品提供者和需求者之间循环,但最终会体现在生产者和劳动者之间循环,如果没有技术进步,也就是市场上没有人可以赚钱,每一个人都是以自己的劳动来换

经济的脚步——对《自然而然地生长》的补充解释之一

回自己的生产所需,那么这个货币循环将不断地进行下去。如果要新增货币,我们可以发现货币其实是在这个市场循环之外的,我们需要在这个循环中强加进去新的货币,然后使市场重新循环。

在市场交换的不断循环中,货币会被那些技术领先者赚取,大量的货币财富在市场的某个地方被集聚起来而退出市场循环,这样在原本循环的渠道里的货币就会不断变少,也就是发生了流动性偏紧。在人类历史上发生过多次流动性偏紧的情况,这种情况重的使国家破灭。流动性偏紧不但促使了制造货币技术的发展,最重要的是导致了银行的诞生。银行的诞生改变了货币被市场参与者各自保存的情况,社会货币被集中保管,那么闲置的货币就有了可以再次利用的机会,解决了市场上货币偏紧的情况,而使得市场得以很好的循环。银行在市场全面布点,使得货币很少遗漏在银行体系之外,那么市场的货币即使被高度集中,但都在银行里,不至于市场上缺少资金。只要还有没有被满足的社会主导需求,那么经济还可以再次发展起来,所以银行在交换的收缩期前一直得到了很好的发展。

货币聚集存在银行对交换经济的运行影响不是很大,但商品中那些耐用而又价格高的资产类的商品的不断增加,却可以使得货币产生溢出效应,这些已被消费过的货币被大量存放在市场内无法寻找相应的商品与之对应,那么必然导致市场上商品价格的上涨,这就是为什么人类经济中那些价值高的商品会出现,如电器、汽车、房地产等,而市场中商品的价格就不断膨胀的原因。

(2)在市场交换的收缩期前由于交换规模不断扩大,更多的人类需求的物品被大规模地生产出来,所以货币增长与商品增长如何一致而使得交换能够正常进行也是交换经济面临的一个问题。如果不增加

六 影响交换的其他因素

货币供应,那么大量物品的增加就会使价格急剧下降,价格下降虽然使货币购买力增加,但在具体的现实中却是商品生产者亏钱,因为商品的价格越来越低,会严重制约生产的发展,也无法使社会的主导需求得到满足。所以货币在市场的总量要与商品的数量相匹配,是市场经济的一个关键问题。这个匹配应是完全一致,而不能因为货币数量的不匹配而使得市场参与者的财富受损,也就是货币自身的数量变化成为一个财富转移的手段,这种情况的出现是不对的。所以货币的数量与市场物品数量的匹配也是一个动态的相互适应的状态。因此市场上的货币就有一个增加和减少的问题。商品也有个数量变化的问题。这两种数量的匹配也只是想象中的解决方案,因为随着生产技术的进步,很多普通消费品的价格在市场中是不断贬值的,而新的产品或资产类产品的价格却是上涨的,这样就无法仅仅从二者数量上进行匹配,现行的CPI作为调节货币供应的参考指标,同样也是不准确的,因为理论上的CPI应当是不断降低的,而维持其不变,其实也是增加了市场上的货币供应,当然以此为决策依据的这个货币增加量是有限的,是不被市场参与者感受到的,这样的做法既可以维持所谓的币值稳定,又增加了货币总量,为新的产品和行业发展提供了充裕的流动性。

由于货币由政府独家供应,而市场上除了拥有货币发行权的政府之外,其他每一个参与者的货币获得不是靠劳动获得,就是通过交换所得,或者借贷而来。所以货币这个本不在人类需求范围内的物品如何进入市场是影响市场的一个关键问题。截至现在没有政府普发货币的,那么新的货币如何进入市场是影响市场参与者财富变化的一个主要因素。因为新增货币理论上必然带来价格的上涨或者说是原来持有的货币贬值了。那么谁最先获得新增加的货币,他就可以获得一个超

经济的脚步——对《自然而然地生长》的补充解释之一

前的利益,在价格还没有上涨前他已经获得货币就可以购买商品而得到利益。政府如果没有货币发行权,那他也就是一个普通的市场参与者的角色,即使是税收,但这些收入同样通过政府的消费,而又回到市场,进入市场循环也仅仅是一个普通市场参与者的角色,只有货币发行超越了一般市场参与者的角色。通过增加国有银行的基础货币而增加银行的资本金,在中国还有政策银行的托市收购也有同样的作用。

社会主导产业的更换,使得经济存在着波浪式的起伏,也就是主导产业的兴起和衰落带动经济的繁荣和萧条。所以市场的货币就有个相应增加和减少的问题,银行作为一个覆盖全部市场的体系可以产生派生存款,银行之间开具票据等都可以具有货币的功用,银行体系可以诞生许多货币,现在的银行为控制货币主要采用调整存款准备金率、调整利息,还有公开市场操作等方法调节市场的货币供应。至于如何减少,本书不作详论,因为银行学对此都有比较全面的论述。本书主要就市场货币增加和减少的方法以及货币进出市场的渠道对经济的影响进行一些探讨。

市场货币增加或减少的方法无非就两个:一是金融的方法,通过银行体系;二是财政的方法,通过财政体系。对于金融的方法,首先要涉及银行的性质是否是国有,对于一个私有的银行来说它主要目的就是赚钱,否则,它无法生存,这样来说银行也只是普通的市场参与者。但对于国有银行而言情况却大不相同,国有银行可以为实现经济目的而不计一时的损失与利益,只要经济发展了国家可以豁免其亏损。这样通过银行对市场扩大货币投放规模可以很明显地刺激经济发展,而且由于银行国有可以冲销亏损,那么货币贬值就没有阻碍的实行,这样的银行体系对于发展经济十分便捷,而且也十分有效。但银行国有和亏损冲销的运行模式会是代表国家兜底的投资体制,使得银行自身的发展和业务开展受到极大的影响,银行盘活社会资金为经济发展服务的功能基本得不到展现,而成为政府的钱柜,体现的是政府的意图。这也不利于经济的健康发展。中国在 20 世纪 80 年代前就是这样的体制。而后改革为银行国有不变,但商业银行和政策性银行分设,这样看似正确,实际在运转机制上并不理想。政策性银行承担利润低但对国计民生有着重要意义的项目融资和贴息,但是实际这些项目都是落后的产业项目,如农业、水利等,对这些投资没有起到启动新的主导产业的作用,无法带动经济的新发展。而商业银行按照资产和流水的标准去选择商业贷款的项目。却很少过问项目是否是未来的新产业,而恰恰这样的产业在起始阶段是既无资产,又无流水。这样银行都把新的产业过滤掉了。中国的国有商业银行,在 20 世纪 90 年代末的时候制定了贷款审批终身制度,这样一来也把银行管成了一个庞大的僵死的机构,无论上下,所有的贷款审批一律按总行制定的规则来办,这看似规避了风险,殊不知恰恰是带来了银行业的总风险。因为银行不去把控行业的发展前景和企业的竞争能力,而一味地按照现有资产和流水的标准去贷款,那么现在经济即将进入分配经济,而交换经济的规模在收缩,各行各业的产能过剩,那么许多企业的产能就要淘汰,如此社会上经营性的资产将大大贬值,而银行是用其资产做抵押进行的贷款,那么社会全面的经营性资产的贬值会给银行业带来很大的风险。当然其他发达国家也面临这样的风险,只不过是程度不同而已,这也是现在发达国家都在抛售金银的原因,因为银行要回收货币以应对资产贬值潮。

在社会主导产业的更换过程中会出现经济的波动,在一个主导行

经济的脚步——对《自然而然地生长》的补充解释之一

业的兴起阶段,社会需求扩张,行业及相关产业的生产规模得以不断扩大,而且都能够从交易中赚到利润,这更吸引其他的社会资金来投入这个或相关行业的生产。随着规模的增加,产量的提高,这个主导行业开始出现衰落。这时的投资和产品会出现亏损,但社会中的流通货币数量并没有减少。这样从社会主导行业发展溢出的货币就会导致社会资产价格虚高,而随着主导行业的衰落这些资产的价格也会回落,有些人就会被套牢。这时社会的主导行业逐渐在竞争中沦为普通行业,其产品成为大众消费的普通商品。

财政作为一个渠道可以实行扩张的政策或紧缩的政策,同样可以改变市场中的货币总量。如果实行扩张的政策,那么财政是向央行借款,还是向社会借钱,这样的效果区别很大。这些问题许多人都明白,不需要过多论述。关键是这两个方法会带来什么样的后果。对于财政扩张如果是向社会借债,那么等于没有增加货币供应,只是增加了货币的循环。但这样的方法会使经济走进死胡同。因为债务的刚性,约束了货币政策,如果经济不能够通过扩张的财政政策得到复苏,那么财政债务就会给经济发展带来巨大的压力,甚至逼得政府无法运转。如果实行扩张的财政政策是向银行借款的话,是银行国有的情况下,这样政府的操作空间就很大,因为它可以通过货币贬值的方法来冲抵银行因发展经济的投入。这样的方法同样也会使经济走进死胡同。因为货币的贬值,如果没有经济的复苏,那么贬值的货币必须需要通过进一步贬值才能够化解债务,那样货币体系就会面临崩溃,所以对于经济的发展同样是致命的。因此对于经济的调整方法我们不能一味地抱定一种方法,应当根据交换经济的运行原理,结合当时不同的社会经济情形进行选择,这样才不会使得经济发生震荡,而危及社会,那么经济就可以继

六 影响交换的其他因素

续发展,直至新的技术、行业诞生。人类也就又向前发展了一大步。

交换的充分发展,使得社会成为一个分工非常细的相互依赖的网状经济,每个人都在不同的分工中从事劳动以获取自己的所需,同时社会生产技术的提高使得许多人不必也没有机会参与社会生产,无法获得自己所需,在这种情况下,我们要维持经济发展和社会稳定,那么有些政策就不能再延续以前的做法了。

经济并不是个简单的池子,而是一个由大小河网交错并与各种大小不同的池塘、水库相连接的水系,以此水系形成的一个生态系统。所以货币政策之于经济重要的不是量的多少,而是进入生态系统的方式,是大满灌,还是全面下雨,或者是局部小河涨水,这对整个生态系统的效果是决然不同的。

但当前全球交换经济处于收缩期,使问题更为困难和复杂,产能的过剩使得经营资产面临贬值,而银行原来以资产抵押的巨量贷款面临风险。凯恩斯的收益折现这个鲜活而又神奇的故事,令人眼睛一亮,把市场的现在与未来联系起来了,但这仅仅是一种计算方法,他没有讨论收益会发生变化,只不过是把市场进行了一个纵切面观察。这种把收益作为资产定价的方法将来不知会害多少人损失尤其是大的金融机构,因为它无法解决收益的问题。本书认为收益是受行业的上升期决定的,而目前全球的大多数行业都面临衰退。所以凯恩斯的这个没有关注使用环境具体方法,现在及以后是不再适用的。同时膨胀了社会的货币总量,也加剧了收息债务的增加,尤其政府发出的付息债务的增加。最终会由社会的生产转嫁给全社会的消费者承担,那么它必然带来通货膨胀。应该在收益的预测加上技术的评估,这样才能够比较符合实际。尤其是交换经济的扩张的后期,为抑制经济的过热而发行巨量的国债以吸收社会资金,转向政府主导的投资,这些投资多数是公用设施和没有多少经济效益的福利项目,而现在经济要收缩,巨量的债务对于市场来说无法冲抵,而且经济的总量还在减少,那么这巨量的债务如果崩盘,对经济的冲击可想而知。目前从货币的角度来看这是个矛盾的选项,既需要通过货币贬值来化解债务压力,又要防止货币贬值带来的债市危机引发的冲击。在市场经济达到中等收入后,若沿用凯恩斯的办法,若不能向国外输出产量,则必将使一国陷入货币危机的泥潭。

(四)商品与资产

在衣食住行这四种人类生存必需的物质消费中,因为各个物资的生产方法和所费不同,而且其耐用性不同,其价格不同,尤其是住,因其投入大,所费较多,生产周期长,而且耐用,所以价格高,形成资产类消费。但随着技术的进步它也将成为消费类,不过那时候社会早已不是交换经济时代了,应当是完全的共产主义时代。人们对于住的调换就像现在换家旅馆住宿一样容易。

除个人兴趣之间的交换外,作为一种人类社会物质分配规则,两方交换的永远就是两样东西:货币和商品。由于货币是在人类生活消费中能够具有万能效用的物品,所以在交换中能够成为大家都乐于接受的物品,其最为重要的作用就是货币代表了等价交换。但其实等价交换只是人类的理想或理论的假设,事实上是不存在的。作为交换的两方,一方在数量上的任何变动都会影响二者的比值关系。商品的总量会不断变大,这是因为消费的不断升级会出现许多原来没有的商品种

六 影响交换的其他因素

类,而且既有的消费种类的商品也会随着生产技术的进步而使产量增加,当然也有原来的消费种类的商品退出人类的消费范围,或出现消费萎缩,如过去铁匠铺提供的服务和产品。但人类的交换经济在未完成城市化前,社会的商品总量是快速增加的,而之后也是增加的,但增加的方式不同于以往。这个过程我们称之为经济膨胀期,应当不断增加货币供应以使二者总量平衡,这样来维持价格稳定,但即使这样在实际交易中等价交换也是不可能的。在一个货币总量与商品总量相对平衡的市场内,不同种类的商品生产的技术水平不同,获取各种商品的难易程度不同,那么其价格也就不相同,而且这些商品生产技术一直处于变化的状态,所以那些技术进步的商品价格就会不断下降,同样的商品今天 10 元,明天就可能 9 元,你如何保证等价交易?即使在通货膨胀的时候,也有商品的价格处于不断下降的趋势,如电子产品,一旦新技术的产品出现,原先技术水平的产品价格就不停地下跌,所以货币的币值稳定以保证等价交易实际是个不可能的事情。但货币和商品总量的相对平衡还是有意义的,它是维持个人拥有的社会财富总体的稳定,不至于因货币的变化而使自己的财富受到损失。正是因为个人的财富稳定,所以在具体交易中,是否是一直能够维持等价交易就不被人们所重视了。所以保持币值稳定并不是等于保证了等价交换,而是保证了财富稳定。这个很重要。货币的发行必须和商品总量相当,否则,货币的贬值就太明显而被社会大众所拒绝,那么货币贬值引发的经济动荡就会十分剧烈,对社会的伤害巨大。所以经济学家发明了消费品价格指数,其实这个指数主要是衡量商品与货币的总量是否匹配。但以本书的观点看这个消费品价格指数先天不足,因为货币对应交换的不仅仅是消费品,还有资产类的商品,所以要衡量货币与商品总量的平衡,必

经济的脚步——对《自然而然地生长》的补充解释之一

须把资产类的价格也包含在内才完全。我们可以把资产类的价格也同样算个指数,然后按社会每月的总的消费额所占的比例,计作各自的权重,这样消费类和资产类各含权重的指数就能够更真实地反映货币和商品总量的关系了。

商品是个总概念,包括所有的物质产品和劳动服务,其品种无以数计;在把劳动定性为商品的情况下,服务业及各种精神类的产品也可以称之为商品。商品总的可以分为两类:消费类和资产类,即使是艺术品和金银贵金属也同样可以分别分为消费类和资产类,这很容易理解,不做多的解释。

消费类的商品生产出来后被人们消费掉,然后再重新生产新的产品,然后再被消费掉。这是一个循环的过程,就像地球上的水循环,一会儿是水,一会儿变成云,但其总量是不变的。在一个市场中只要人口及人口结构不变,那么一个市场上的消费品和货币量就像地球上的水循环一样,一会儿是货币,一会儿是商品。

如果一个市场上所有的商品都是大众满足自己的消费品,而没有其他如资产类等商品,那么这种货币与商品之间会不断地循环,就会出现两种情况:①如果在这些消费类的商品中,有些种类的商品还能够有技术进步的空间,那么财富就会集聚,现实中体现出的是货币的集聚,货币大量向技术优先者手中集聚,而且他也无法消费完这些货币,那么在市场上流通的货币就变少了。②如果消费类商品都没有技术进步的空间了,那么所有的消费类商品的从业者都是一份工作,大家在通过自己的劳动相互交换以实现自己多样化的物质需求,大家彼此都是以自己在本行业的劳动来维持自己的生活,无论是企业主,还是雇工,只要没有技术差别,而且商品持续被人类所需要,那么人类就会长期处于这个状态,这个时期的货币与商品之间的循环就会没有损耗的循环。但这个情况是不存在的,因为技术进步是没有停止的时候,那么货币在优势市场参与者手里的集聚就会发生,这样就会有部分货币暂时退出而使得循环中的货币量变少,就会使交换集聚出现萎缩,所以市场的竞争机制使得货币发生集聚的情况必然导致市场经济的萎缩是交换经济的必然结果。如果没有新的行业产生去对冲货币的投入,而未来为提高所谓的流动性而投入的货币必然是空投,而导致货币贬值,这又会促使已经集聚货币出现抛盘,那么就会进一步加剧货币的贬值。这是许多国家都发生过的事情。

由于商品中不仅仅只是消费品,还有资产类的商品,这样简单快捷的循环就会被资产类的商品所堵塞。由于资产类的商品使用的时间较长,价值大,对于市场参与者来说购置资产类的商品需要很长时间的存钱或赚钱,同时资产类的更新时间间隔也很长。那么此类商品的消费就需要市场参与者对货币进行长时间的集聚,这样原先的简单快捷的循环就会发生干涸,因为货币都被集聚而退出了循环,就像河道的水被引入湖泊或水库里存起来了,自然河道的水就无法流动了。这种情况在人类交换经济中出现过多次,尤其是在交换经济扩张期的前期,交换得来的经济繁荣,使得人们的需求升级,资产类的商品进入人类的需求范围,这时就会发生流动性严重不足的局面。作为掌握货币发行权的政府就会扩大货币发行,货币的量变多了,这就更加推动了资产类商品价格进一步上涨。如果资产类商品过剩了,价格开始出现下跌,那么悲剧就真的上演了,许多人的财富会在这样一轮的资产价格下跌中化为乌有,社会经济也会出现严重的退步。目前实际上发达国家以及中国都处于资产类商品价格高企的阶段,如何化解这个危机是发达国家,包

经济的脚步——对《自然而然地生长》的补充解释之一

括中国目前的当务之急。现在看全世界普遍采取的是央行缩表,但这个办法我认为不行,就像一个得了癌症的病人非常疼痛,而医生只给他吃止疼药一样,治标不治本。我以为,应该制定资产类商品的相关法律,确保资产类商品在满足消费后不降价,同时控制资产类商品的总供给不能够越过临界值。这才是解决的根本方法。当然在分配经济到来时,资产类商品也会势不可挡地下跌,不过那时可能已经没有了货币,人们的需求靠物资的分配制度来满足。

如果从更大的范围和更长的时间里来看待市场循环,那么资产类商品参与的循环是个大循环。与消费品类商品的循环相比就像是一个有湖泊和水库设施的河流循环系统,而消费类商品的循环只是单一的河流。所有的商品都是不停的循环过程。如果介入交换的行为,那么商品循环就是人们从事生产,然后得到工资,拿到工资后买回商品,然后消耗掉商品,于是又开始了生产和消费的循环。如果一个市场的人口基数是一定的,那么市场的消耗也是一定的,如果在没有升级的商品出现的话,而且这种升级的商品还必须大众普适的,市场的规模就无法出现新的突破。目前世界上发达国家也就出现这样的状况,中国也已经接近这个状况。未来一个很近的时间内,全球的发达国家为了维持交换经济的运行,只有争夺不发达的国家市场,这样会引起贸易冲突或区域战争。

如果市场能自给自足,那么这样的循环就一直持续下去,而且市场中的货币也不需要增加。但市场中总有新产品出现,人类的需求会升级或人口增加,所以货币要增加。而且市场的货币要与商品对应才是保证币值的一个重要的措施,但实际上也是不科学的,它是一个理想的交易模型假设,实际上是无法完成的。在一个人口基数一定,而且人的需求不能够再升级的市场水平的情况下,市场的规模不会扩张,货币也不需要增加,而且由于现有的商品生产技术的不同发展,使得商品的生产越来越容易,因此这些商品价格还会不断下降,那么货币数量就明显多了,这些货币会对市场经济带来巨大的冲击,而危害市场经济。

(五)贸易

贸易其实很简单,主要是因为资源在地域分配上的不同引起的。不同地域的资源以及由此形成各种资源特点的生产技术和产品,使得贸易有了必要。由于不同地域归属于不同的市场,尤其归属于不同的国家,这就为贸易提供了必要条件。所以贸易是不同市场交换不同的资源形成的产品以满足不同的人类需求而形成的交换,是较大规模和涉及较大区域的交换。

1. 传统的贸易思路

由于贸易是以一个市场对另一个市场之间资源差别形成的交换,那么由于一个市场是有限的,所以与市场外的交换,必然会与市场内的生产、就业、财富分配以及市场内今后如何发展密切相关。所以用市场竞争的观点看一个市场与市场外进行交换其本质就是优胜劣汰的竞争,引进外部市场的产品必须是先进技术含量的产品或资源类稀缺的产品,这样才会在本市场上有竞争力,那么输出的是货币,这样市场内的货币就会变少,而市场内的购买力会降低,长此以往一个市场的购买力就会被转移到市场外,而且市场内从事同样产品的生产商会受到打压而无法生存,为此提供相关产品及劳动的都无法存在,这样市场内就会使得购买力进一步下降。另外一种就是与此相反的情况,就是市场

经济的脚步——对《自然而然地生长》的补充解释之一

内的产品可以销往市场外,赚取市场外的财富,那么市场内从事此产品生产的商人或从业者都会得到非常好的回报,那么市场内的购买力就会充足,人们生活就会过得非常富裕。当然输入或输出的不仅仅是靠技术的先进性,还有资源的差别也可以成为输入或输出的产品,但道理同样,只不过是资源是有限的,在资源用完了的地方,一个靠输出资源而能够赚钱的市场会留下昔日繁华的设施而落魄成没有生活物资的境地。举个不恰当的例子,就像一个穿着豪华的人却要沿街乞讨。

这样的贸易我们是延续了货币是金银的思路,因为金银作为货币可以在每个市场通用,而有了纸币后,这种贸易的情形却发生了变化。所以贸易应该分为金银货币和纸币两个阶段。贸易实际就是大规模的交换而已,有国内和国外之分,对于国内的贸易,我们讨论的交换基本都是市场交换的规律,也就是优胜劣汰,所以在此不再讨论了,本书所讨论的贸易就只指国际贸易,也可以简单理解为一个与市场外发生的交换。其实对于国际贸易,在金银作为货币的情况下,其实质也和国内贸易一样,是个优胜劣汰的过程,只要两国之间可以贸易,其实就和一个市场的竞争结果是一样的,只不过是不同市场的行业发展会不同。但对于纸币时代的国家贸易就完全不同了,这是因为每一个市场都有自己发行的纸币,而且市场间纸币是不能流通的,那么一个市场向另一个市场输出的商品换回的不再是可以市场通用的金银货币,而是要同当局交换成市场内的本币,把赚来的外币交给了当局。当局存有外币只能等市场内有对市场外商品需求者来花掉,这样看来对外贸易赚的钱实际是转到本市场内有外购需求的商家身上。外贸赚的钱实际等于由当局代替未来那些有外购需求的人垫付了,这样市场内的经济还处于平衡状态。只不过是当局存有大量的外币余额却要承担外币币值变

六　影响交换的其他因素

化的风险,而对于市场内的个人来说,只要你不涉及外币需求,那么这种风险是与你无关的。但由于纸币本身是没有价值的,而且外币在本国市场又不准流通,所以外币实际就是等着发行国通过贸易来赎回才有价值,如果一国对另一国的商品没有需求,那么赚取的该国外币实际就是一个数值,没有一点用途。一个货币如果不能被广泛接受,只靠向一个国家贸易,这个货币只能够在两个国家之间交换,如果这个国家的政治或经济发生动荡,那这个国家的货币就会一文不值,所以保有一个贸易小国的货币风险是很大的。如果一国贸易量大,而且很多国家都与之贸易,那么这个国家的货币在与之贸易的国家间就可以交换使用,这就可以减少持有此国货币的风险。加入世贸组织,而且是世贸组织中的贸易量较大的国家,其国家的货币就容易被别国接受。所以在贸易的发展过程中就有一些国家的货币比较受到欢迎,而具备了国际货币的作用。但这毕竟是贸易结算为基础形成的国际货币,是以国家间的贸易能够结算为支付前提的货币职能,是一种需要用贸易赎回的货币制度。实际是利用了货币在国家间贸易的支付功能建立起来的国际货币体系,反映了一个国家的经济实力,尤其在国际贸易中的所占的比重,当然作为一国的法定货币,其币值的稳定受到其政治制度和经济制度的影响。所以一个国家的货币具有国际货币的职能表现为该国货币在国家间的被接受程度,而不是一个统一的权力支持下发行的货币,它最终还是要靠贸易的赎回来清算货币价值。目前的国际货币,无论是美元还是其他强势货币,都是由贸易结算为理论和现实基础形成的世界货币,实际是利用了货币在贸易中的支付功能,所以由此形成的世界货币都逃不了要赎回的这个最终价值定位。所以如果这个国家发生政治或经济的动荡,同样也会是货币贬值,而无法赎回。现实中一国经济

经济的脚步——对《自然而然地生长》的补充解释之一

崩溃,那么其货币就随之崩溃,自然就不存在用货物或劳务去赎回的事情了。这就是为什么现在的外汇市场不停波动的原因。如果要解决这个问题,还是要有一个统一的权力机关强制发行世界货币。这是解决外汇波动的唯一方法。但由于各国家都是独立的,这个统一的权力机关无法诞生,所以只能按现在的各国的货币在贸易中受欢迎的程度来选择国际结算的货币。但金融家们也想了一个高招,就是一篮子货币的方案,把几个有影响的国家的货币放在一个篮子里,测算其货币在篮子中的权重,然后按此对应发行一个货币即特别提款权用于国家间结算,目前运用量不大,而且是各国货币在贸易中的对冲货币。但这个方案是个妥协的方案,最终是不能够成功的。因为这个权重后的货币看似合理,减少了风险,但却带来了无法清算的局面。也就是这个货币无法向具体的国家清算,这倒不是关键,关键是权重国家的政治或经济动荡,在权重失去平衡时就无法清算而导致其无法运行下去了。还不如没有权重,这样就没有清算这个问题,而成为一个纯粹的国际货币。但没有国家或组织有这样大的权力能够让全世界接受这个货币,所以一篮子货币的办法看似聪明,实则幼稚。

在贸易背景下,如果依靠一国的货币成为国际货币,其最终都有个赎回的问题。如果该国货币在国际上广泛接受,那么赎回是困难的,所以现在的美元,如果要成为国际货币,也是不能够完全胜任的。除非其依靠自己超霸的军事地位和经济优势,变相地把美元变成靠权力发行的全球货币,这还能够维持美元的国际地位,但特朗普的上台却出现了倒退,特朗普基于自身的认识和国内交换经济发展造成的失业必然,又回到了传统贸易思维,想通过提高国内对外贸易来解决国内就业问题。这是个倒退。但这个倒退可能还会给后任者超越的机会,这些都将削

六 影响交换的其他因素

弱美元的国际地位。当然这样的错误会使国际矛盾加深、激化。在美国绝对军事领先的情况下,矛盾的激化则反而会重新促使美元的升值。由于国际上美元流通的量很大,那么美元赎回的需求就会加剧,则美国国内的资产将面临通胀压力。人民币成为国际结算货币一直被一些人抵制,实际这些人包括所谓的经济学家要么是短视,要么是真的无知,他自己就没有搞清楚市场交换的本质和货币的关系。那些抵制人民币的人无非是在意识形态上的一种本能反应或者是指责中国不是市场经济国家,其实这是他们没有弄明白什么是市场经济。人类之所以必须进行交换来实现自己的需求,不是意识形态能够决定的。而是由人类生产技术水平来决定的,在社会生产技术不足够发达,大多数人还对社会物质有着必须的需求,那么交换就必然存在。所以从现实看,中国的政策必须是选择交换作为社会物质需求的满足的方法,无论具体的什么政策,但符合市场经济的要求是无法回避的问题。那些反对人民币作为国际结算货币的人把中国列入非市场经济国家,并指责中国的货币政策。这样指责同样是短视的。因为既然中国的生产技术水平不足以支持其实现分配经济,那么在市场经济的条件下,它的货币政策无论怎样,它也必须符合经济规律,不能够把货币变得无人愿意接受,这是谁都无法突破的底线,所以他们会根据不同的现实情况进行调整,结果是和发达的资本主义国家一样,都是为了保持经济的稳定和发展。而且发达的资本主义国家同样也要根据自己国家的现实情况对货币政策进行选择和调整,他们所标榜的符合市场规律无非是在货币调整中更注意币值的稳定这个问题。就是这个问题也不是什么市场必然的需求规律,而是在维护市场竞争中获胜的既得利益者利益,对于美国而言就是那些巨富财团的利益。在强调这个问题的重要性的前提下,兼顾经

经济的脚步——对《自然而然地生长》的补充解释之一

济发展的思路。这样的思路并不比中国正确,中国是从发展的角度考虑,是兼顾大多数人利益的,同时兼顾币值的稳定。这样的调整比发达资本主义国家要好,其不断突破发达资本主义国家发展的模式就是现实例子。所以从大政策环境和长远的效果看,人民币作为国际接受货币不会比其他国家差。当然这还有许多具体的政治、经济问题要在不同的时段进行分析,人民币同样面临不断的汇率波动也是正常的。

在没有一个权力机构来发行国际货币的情况下,一国的货币在国际上比较受到欢迎而成为各国贸易结算的货币,如美元,在非美贸易中也被广泛接受。其实这样的局面对于美国而言是个很难受的事情,因为它的贸易结算都是本币,那么无论逆差还是顺差,都直接进入其国内的货币体系中,无法缓冲。而其他国家在贸易中不用本币结算,那么可以通过调节汇率来缓冲贸易顺差或逆差的风险。这就是为什么美国总是不断地指责其他国家是汇率操纵国。同时对于美国来说始终有个美元赎回的问题无法摆脱,因为别人用美元就能够买到美国的商品,除非政府倒台,那么美国为美元的国际货币地位付出的代价就太大了。但是美国跳出了贸易的思维,它开发资本市场,提供优厚的投资条件,如减少税收等政策,这样吸引各国的资金到美国投资,这样美元又可以毫无代价地回到美国,而其他国家要想得到美元仍然只有拿劳动和资源去卖。所以美国第一要维护的是美元的强势地位,让其他货币无法与之相比即可。而非特朗普的搞贸易保护和本国优先。

所以在没有一个权力机构来发行国际货币的情况下,通过贸易积累其他国家的货币,如何避险是个比较具体而复杂的情况和问题。在一个国家变得富裕后,市场内的人有了大量货币财富后为寻求保值增值的方法或许会选择外币,这就要看你个人的需求和判断了。

六 影响交换的其他因素

由于市场是有限的,而且贸易总的看是通过市场间的交换影响了市场内的行业发展和就业,那种认为贸易对各方都是有利的经济学家没有看到这点。因此,这样看来一个市场的贸易并不是越多越好,而是要保持平衡,即外币的持有量能够满足外购的需求即可。因为过多的外币余额会带来汇率风险,也会使市场内的物价上涨,因为已经垫付了过多的本币,而没有外购的商品与之向对应,这样等于市场内币多货少。反之,就是当局借外币而背负债务,使得市场内货多币少。当局持有多少外币余额,看自己市场的大小,如一个市场很小,则应该保有一定量的外币余额;如果市场很大,如中国则完全可以不保有外币余额,相反还应当有一定量的外币欠款,因为市场足够大,外币的最终清偿,我们可以有足够的物资满足。

同时由于贸易对市场的行业和就业的影响,这些影响都还符合市场的竞争规律,优胜劣汰,那么对于贸易我们总体的政策应该是,禁止高技术类的技术或产品的出口,这是一个市场赢得另一个市场的关键;限制不可再生资源的出口,这个很好理解。对于不可再生资源也不能够完全禁止出口,因为技术的进步必然可以解决资源的制约;鼓励再生资源产品的出口,尤其是农业产品,现在由于技术的先进农业生产已经非常先进,而且还可以不断轮回。

2. 资本市场开放的贸易思路

如果在贸易的情况下,又开放了资本市场,那么就改变了单纯依赖商品贸易对本币的赎回,一个有贸易逆差的国家可以通过开放本国的资本市场,鼓励资本进入本国,那么贸易逆差就可以这样不需要商品来赎回,货币回笼后还可以继续在全世界买卖,然后再利用资本市场来回笼货币,这样做唯一依靠的就是本币的强势,可以让全世界接受即可,

经济的脚步——对《自然而然地生长》的补充解释之一

目前只有美元基本可以达到这个要求。这样的做法就完全不是贸易的思路,而是货币腾挪的思路,这样的做法对那些依赖贸易的国家是一种欺诈和不公平。这样的国家只要保持在技术上的绝对优势,尤其是尖端的高科技技术,使自己保持军事技术的优势和震慑力,那么这样的做法就是可以持续的,而且这样腾挪几次后这个国家就会成为全球的财富和产能中心。

对于没有开放资本市场的国家来说,这明显处于劣势,但是我们要看到在讨论这些问题的总的思路是沿着交换经济的思路,而一个市场,尤其是一个国家并不是只有交换这一个思路可以发展经济,如果我们在贸易上要提升自己的经济实力,无疑是自己把自己绑在交换经济这个唯一的思路上,被人宰割。我们可以利用一个市场是一个完整的生态体系的思路,可以首先专注于本国内市场的发展,借用本国市场的发展提高自己的技术水平和对外贸易的竞争力,然后努力开放资本市场。如果不具备开放资本市场,那么我们也不能完全按照贸易的思路来进行贸易,我们可以借用金融+技术输出的办法。现在我们不能指望与那些经济强国进行贸易,那样我们赚不到便宜,只能与比我们落后的国家进行贸易,这样我们才会有挣钱的机会。但是这些国家穷,没有钱来购买我们的货物,所以我们可以利用一个市场能够自成体系的原理来进行。我们可以先进入该国的金融系统,尤其是占有该国国有银行的股份为其提供资金,然后对其业进行技术扶持,让这个落后的市场按照主导产业波浪式发展和涟漪式发展,逐渐把其经济发展起来,在这个过程中我们利用金融体系可以获得很多利润,而且还会有其他具体项目的赚钱机会,我们要抛弃完全的商品贸易思路。当然,由此方法我们可以看出中国目前的对外开放,尤其是对金融市场的开放也应该采取审慎态度,否则无论产业和利润都将被别人控制。

当前中国仅仅依靠贸易手段来实现人民币的国际化是行不通的。那样会给中国带来金融风险和贸易压力。因为这样的话,人民币的赎回就只有靠我国商品,但商品贸易还有许多国家比我们实力强,那么持有人民币的国家不一定必选中国货,它也可以选择抛售人民币,这样人民币的国际市场就会风险很大,如果有发达国家的背后支持,那么对于我们就不是好事,而且即使全用商品来赎回,实际仍然是个市场扩大的问题,这仍然不能根本上解决长期发展的动力问题,而且还要耗费我国的许多资源。

七　分配经济

　　必须通过交换彼此占有的资源以满足彼此之间的不同需求,作为一种制度成为社会个体实现各种物质需求的主导途径,这个作为一种运行机制、社会个体实现各种物质需求的方式,从而导致社会物资的生产、流通、消费和再生产的方式与以往的制度变得格格不入了,而导致以交换为中心的运行机制,并不断发展成为一个社会的主导机制,可见交换是市场经济的核心机制,资本主义社会就是基于这个机制诞生出来的社会制度。那么我们同样可以把必须通过分配作为社会个体实现自身需求的方式,通过分配手段实现社会个体的物质需求,自然也会改变以往的社会物资的生产、流通、消费和再生产的方式,使得社会生产等经济活动就越来越与以往的制度不适应了,自然分配经济就自然而然地诞生了,社会主义制度同样是基于分配的机制上诞生的。

　　在本书的前面论述中我们可以很容易看出交换是导致资本主义制度诞生的根本原因,也是资本主义制度的核心内容,更是导致资本主义社会制度不断发展的动力来源,它就像是资本主义社会制度的基因;那么我们同样可以看到分配也是导致社会主义制度诞生的根本理由和导致社会主义制度发展的动力,更是社会主义社会制度的核心内容。

　　交换作为一个制度,尽管是禁止相互偷抢的法律的副产物,但它从诞生时就是一个社会大众必须遵循的行为规则，所以交换首先是一个社会制度，尽管最早是社会制度意外结出的无心之果，但它从萌芽逐渐发展成为社会的主导制度，尔后让位于其他制度。分配也是一样，它也是交换这个竞争制度结出的无心之果，人类在物质层次的需求努力上，由于交换的竞争使得生产能力不断进步，最终导致全社会的产能过剩，社会物资对于人类需求而言是绝对过剩而相对不足的阶段，在这个物资逐渐丰富的过程中分配也就诞生了，它同样也要经历萌芽、发展和成为社会主导制度及让位与其他制度的阶段。

分配经济有五个阶段。

（一）萌芽期

个体在生存的过程中，必须获得一定的个人所有的物质。所以个体在存在过程中必然是努力获得一定数量能够为自己掌控的物质。

在资本主义政权建立之前的政权多数都是私有性质的政权，自人类有了统治政权建立以后，由于灾害等原因使得有些人陷入生存危机，对于这些人的危机最早的统治者也是不管不问的，而导致大量人口的死亡或流失，这样会对统治不利，为维护统治，统治者后来对这些人进行无偿的救济，这是最早的分配经济。这种分配的雏形，而且在社会物质处置中微乎其微，所以我们把这个时期称为萌芽期。这个时期应该在有统治的稍后时期到这种救济制度成为社会的一个明文制度为止，大概在封建社会的中前期。

当然这种救济可以通过行政手段，去强行征收别人的物质来补偿这些人；也可以通过经济手段，在政府税收中拿出一笔钱来实行救济。

随着政权的变化,靠税收的再分配越来越多,而行政征用越来越少。

(二)发展期

分配手段随着统治经验的丰富和税收制度的正常化,在社会物质的处置比例逐渐上升。从最早的仅仅局限在救难,到零星而微不足道的抚危救急,逐渐发展成为一种社会扶贫救困的救济制度。虽然这时这种无偿的分配在社会物质的分配中所占的量还非常小,但这种救济也在不同的国家以制度的形式出现了。这是分配救济的质的变化,尽管与其他社会制度相比,是一个处于似乎可有可无的地位,但它毕竟以正式的制度登上人类发展历史舞台。

交换只是涉及双方的利益,第三方的利益是没有任何关系的,所以交换经济的天生一个缺陷就是第三方的利益无法体现,那么代表第三方利益的公众利益就无法实现。在交换经济的条件下,交换都是关注自己的利益,就像货物的买卖双方只关注货物和钱财有关的内容和细节,而不去关注交易的场地是否狭小,是否容得下那么多人进行交易。在交换经济的条件下,这样的公众利益是被排斥在交换的机制以外,除非这样的公众利益也可以成为一个交换的制约因素,而变成为一个可以赚钱的新领域,否则,再狭小破旧的场地也不会有人过问,他们只关心自己的交易。所以交换经济天然的缺陷就为分配经济留下了空间。这样的公众利益必须通过分配手段来完成。就是通过征收税收,然后有政府来补充完成这个第三方的利益。政府的这样做法就是利用了分配的手段。

由于资本主义的政权大多是通过公选出来的,所以政府正好弥补了第三方的位置。当然资本主义政权的公选也是必然的,这个问题我们将在《政治问题的变迁》里详细论述,本书不讨论。所以分配手段在资本主义制度里是必然存在的,很明显,交易制度对第三方利益的缺位,较多的税收和公选的政权。在最早的人类统治社会中也诞生了税收,但那时候完全是私有的权利,所得税收完全是统治者个人的收入,所以这时候的税收完全用于统治者个人支配。但随着社会的发展,政权的公有性质也是必然的诞生,在公有性质的政权诞生,随之而来的也就诞生了分配手段来作为社会物质配给手段,不过那个时候仅仅是萌芽,在社会物质的处置手段中所处的比例十分小。随着社会经济的发展,经济水平的提高,分配手段占社会处置的比例也在缓慢上升,尤其是交换经济的后期,分配手段处置社会财富所占比例得到大幅度提升。因为资本主义产生的救济,是由于交换制度的缺陷而形成的一种救济制度。

这个时期分配经济得以发展,从建立抗灾的社会制度到资本主义的顶峰止,大约是封建社会中前期到现在的时期。

(三) 过渡期

经济的发展,尤其是生产技术的不断进步,人类需求的物资的获取已经变得越来越容易了。特别是交换经济的发展更是推进了物资生产的大发展,目前世界上许多国家已经处于物资供应绝对过剩,而只是分配相对不均的情况,这使得一方面物资供给总量过剩,另一方面许多人无法再参与交换,这样的局面不得不使政府动用分配的手段来作为个体获得物质需求的实现方式。政府通过征收税款,然后利用一部分税

经济的脚步——对《自然而然地生长》的补充解释之一

款对那些无法再参与到市场交换人群的物质需求进行单向的配给,这是再分配手段,所以这也是本书为什么把这个阶段叫作过渡阶段的原因,这种再分配还是建立在交换经济的基础上的,而未来真正的分配制度的确立是以社会主义制度社会的确立为标志,社会的分配制度是直接分配,是建立在非交换经济的基础之上的,是社会公有制度的基础上的直接分配,没有税收的环节了。

1. 市场交换的总规模很难再扩大

市场是有限的,尤其对于一个以国家为单位的市场,其需求的总量更是一定的,所以在一个国家完成城市化进程后即城市房地产价格开始下降的时候,就表明这个市场内以满足人类的衣食住行,这四个方面基本物质需求,已经达到过剩的层次,而且也表明以衣食住行四个方面为生存的基本物质需求已经无法对社会经济发展起到推动作用了,也可以说物质的需求已经无法为社会的发展提供动力了。因为这时市场上衣食住行的物资供应是充足的,也没有扩大再生产的可能,取而代之的是这些需求的不同档次和个性差别,这些虽然也是衣食住行的物质需求的范畴,但这是品种的差别而不会改变总供给和需求总量的。同时这些消费已经超出了人类的基本生存需求的层次,这些差别和档次的需求实际已经属于人类的价值需求的层次,所以以人类衣食住行这些物质需求已经无法在总量上进行扩大,而这只是消费档次和特色上的不同,所以交换经济的规模是不可能得到有效扩大的。即使有新增加的需求,如太空旅行,这些都不是人的必须需求,所以不会是大众一致的需求,自然其规模就会很小。而在本市场内大众既有一致大规模的基本需求又已经得到满足,而且由于需求对经济的推动作用也已经得到充分的释放,再也没有全社会一致的大规模没有满足的需求需要去开发了,从此以后这个市场有的只是社会中既有物质需求的个性化需求和人类极具个性的高级需求,而非基本需求。这样的新的社会还在不断地开发出来,使社会生产为此生产出新的商品,以供部分人去交换。这种新增加的需求和新商品可增加交换经济的规模,但这样的规模太小,无法与交换经济的扩张期那些能够形成社会主导产业的不断新增的社会需求和新商品引发经济规模的扩张相比,而且就是这样的新的需求的种类,也会越来越少,每个种类的规模也会越来越小。由于新增的需求的规模不断变小,种类分散,这必然导致交换经济的不断萎缩。

互联网时代为社会个体的个性化需求提供了便利条件,这会导致原来的大企业无法生存,原来单一品种的大规模生产无法适应个性化的消费时代,如人人都需要的食品也同样会变得个性化,而非单一品种大规模化,就像农业种植也必须变得个性化,而非规模化。新增加的消费品种更是极具个性化,包括汽车、房子将来也都会是个性化的定制,所以交换无法再大规模地运转了。

因为这只是交换规模的增长变小了,交换的物品并没有减少,相反还在不断地增加,只是膨胀得慢了,而且这时的技术对于社会大众的基本需求的满足而言已经是远远超出其需要的水平,很少人的参与就可以完全满足全社会的需求。按照本书的说法,这些满足基本需求的商品必然会价格极低,也就是说这时社会中的个人的基本社会成本极低,根本不需要更多的劳动,也不需要更多的货币。所需要的劳动和货币变少了,是交换经济的规模在收缩,而分配经济的成分在增加,对于人类所需的物品的规模并没有减少。

2. 基本需求的物资和产能绝对过剩

生产技术的进步使得社会生产能力得到极大的提高,生产效率也得到极大的提高,那么社会物质的供给和产能就出现了过剩的局面,目前发达国家,包括发展中国家都出现了物资过剩的局面,尤其在城市化完成的国家这种局面几乎是一致地出现了这种情况。在衣食住行四个方面的基本物质供给都是面临着严重过剩,那么交换经济的发展就面临着巨大的障碍。

3. 必然的失业

同时由于社会技术的不断发展,生产效率也得到极大的提高,尤其是智能机械的大量运用,必然导致一部分人退出生产领域,而变成失业者。

既有产品的价格不断下降,新需求规模变小,一部分人的必然失业,这些情况使交换经济的发展受到前所未有的阻碍和制约,而且是交换经济机制无法解决的问题,因此分配手段参与到社会物资的配给就不得不上场了。

在城市化完成后,交换经济的规模开始不断收缩,使得社会原有且仍在运行的交换经济机制发生冲突。许多经济学家将此说成是经济衰退,笔者认为不对,因为这只是交换经济以货币为计量单位的规模变小了,并不是交换的物品减少了,相反交换的物品数量规模还在不断地增加,只是膨胀的数量与之前的衣食住行这些必需品的升级膨胀相比其数量规模明显变小了,而且所需要的劳动量和货币量变少了。以货币为计量单位的交换经济的规模在收缩,而分配经济的成分在增加,对于人类所需的物质的数量规模并没有减少。

必须通过卖来实现自己的利益是市场交换循环的重要环节,而且无法缺失。市场经济这种必须通过为其他人的需求提供产品,而且必须实现交换才能够使自己获得利益,并以此利益来实现自己的需求的特点决定了市场经济中的每一个人都必须有收入来源,而交换经济规模的收缩,那些必然的失业者无法获得收入,而且由于传统产品价格的不断下降,那么这些商品的经营者自然也会获利减少或出现亏损,如此整个社会的交换就无法正常运行,必须通过政府对这些交换经济的失败者进行救济,这种救济就是分配的性质。但在交换经济的体制下,这样的分配也会无以为继。因为交换规模不断收缩,税收就会减少,而分配的比重却在不断上升,目前就有许多国家的税收不能应付国家支出的局面,借债和对资产类的物品进行征税,许多国家已经对非经营的环节征税。但这种税实际是对原来的积累进行再次剥夺,而且由于获得收入的能力变小,那么这样的税就等于把他原来的积累与全社会进行一次次的再分配,这会使整个社会的人都将变成无产的赤贫大众,那样的话,交换经济就更无法进行了。即使是设定一个资产标准不至于如此,但这些没有收入者将变成一个个只有基本生存所需资产的人,这些只有不被征税标准的资产外,却无收入来源,而不得不依赖政府的救济,这同样也无法维持交换经济的正常运行。

当然充分的交换必将带来财富的高度集聚,而且无法通过自身解决,这都严重影响交换的进一步进行。这是市场经济的致命伤,也是以往经济学家们所说的市场失灵。财富的高度集聚使得其他大多数人没有购买能力。

充分的交换经济发展还使得技术得到长足的发展,技术的进步使得现在不需要许多人参加劳动了,而物资依然过剩,所以一方面是许多人无法参与到劳动当中去了,一方面物资过剩。这种情况是交换经济的机制下必然会出现的,因为企业能够利用新技术提高生产效率,降低

经济的脚步——对《自然而然地生长》的补充解释之一

成本，自然不会多雇佣工人去生产而去增加成本。可以说这就是交换机制与生俱来的发展路径，但现实却是许多人因此失业而没有能力参与交换，无法去换回自己生存所需的物资。这是交换经济机制与社会发展无法达成一致引出的社会问题，这个冲突的最直接的体现，就是那些失业的人或者没有获利能力的人如何在现有的机制下存活，所以这个问题并不是小问题，而是个天大的问题。这个问题能否解决，不但影响经济、社会，甚至影响到一个国家的政治，所以在发达的资本主义国家为解决这个矛盾，根据这个问题发展的不同状况而进行政策的调节。

首先会对失业者不断增加福利，如建立失业救济金保障失业者的生存问题。但这只是暂时性的措施，随着失业人口的增多，那么光靠失业救济金是无法解决这个因社会进步带来的人口失业问题。因为那时失业者的权利和各种待遇等都必须有个明确的法律约定来保证，这样社会才会安定。

其次，由于技术的进步，这时的社会矛盾主要是失业者和非失业者之间的待遇差别较大，而且失业者除了在经济上待遇低，在社会地位、个人荣誉、生存的舒适感都是极差的，他们可能被视为或自我感觉是社会的二等公民。同时社会经济还在发展，别人的待遇却越来越好，这会不断激发他们的不满。这种不满情形会给社会带来动荡，发达国家已经出现这样的情况，随着经济和技术的发展，失业的规模会越来越大，那么他们的力量也就越来越大，逐渐会左右政治而将会改变社会法律，进而改变社会制度。目前这种不满还没有发展到要求改变法律的层面，因为他们仅仅看到只是自己没有工作，现在和就业者的差距还不是很大，而且他们也是刚刚失业不久，还有些许资产，他们只把这个没有工作的机会看成是政府政策的结果，他们还没有找到问题的根源，也不

七 分配经济

知道解决问题的路径。所以他们反对移民、反对贸易逆差,因为他们直观感觉是这些原因导致他们的失业,以期靠这来解决他们的就业问题。特朗普的上台就是个例子,但扩大贸易,提高本国产能、驱逐移民来提高就业的路子实际上南辕北辙了。但事情还必须这么解决,必须由此走过,才会回到正确的道路上来。

如果把发达国家现在的经济制度比作封建王朝的末期,那么特朗普此类的西方政治家们是在搞复辟,这个复辟可能会很长时间,而且会给社会带来巨大的伤害,尤其是其他国家。因为他们顺应的仍然是交换经济的思维,这种思维和民众情形会给国家政治带来民粹思想和孤立主义,把本国利益看得高于一切,把本国人的就业与福利看得高于一切。如此政治与民众的相互呼应,一定会做出出格的事情来。暴力驱逐移民,军事介入贸易也会重新来过,为了本国的经济,也就是就业和福利,而对于政治家来说就是顺应民众的呼声。未来在交换经济的机制下,强调一国利益会越来越严重,它会严重挤压世界市场。但等全世界的经济基本需求都可以满足了,那么交换经济也就彻底到头了,就不得不改变制度了。也就是全世界的市场都成为基本需求满足了的市场的时候。所以现在有些经济学家把原来快速发展的国家,以南美洲的国家为典型称为进入了"中等收入陷阱",实际是这些国家在完成本国的基本需求市场后,没有能力向市场外进行扩张,而进入了交换收缩期的表现。

目前有些发达国家之所以能够超越"中等收入陷阱",是因为它们可以以先进的技术生产的产品能够向其他不发达的国家输出其产品或产能,占有其他国家的市场,从而使自己在国外市场上能够继续获利,并能够保证本国交换经济的良性循环。但长期看这也不是根本解决问题的办法,在全世界都进入中等收入水平以后,那么发达国家也无法再向他国输出其产能的时候,交换经济就彻底走到了尽头。

(四)主导期

　　交换规模的逐渐萎缩,那么失业和税收就越来越难实现,这必然导致交换机制的市场经济和寄生在交换机制上的以税收为手段的再分配都无法运转,而使得以直接分配的手段作为社会个体的物资获得的主要方式,也即社会主义制度得以确立,这个时候人类的经济进入了以直接分配为手段来满足社会个体的物质需求的时期,这就是本书所说主导期。

　　但是作为一个国家,这样的转变看似是社会个体物质需求实现方式的转变,其实无论对于政权和社会都是一个巨大的颠覆性变化,它不但是社会个体物资的获得方式的转变那么简单,而是整个国家的政权、法律包括个体的财富即生存所依赖的方式都发生颠覆性的变化。首先和必然的是要导致政权的变化,原来建立在交换机制为基础的政权就必须改变,而且原来围绕着交换经济运转和发展的法律都必须改变,甚至个人的生存方式和拥有的地位、财富都有发生颠覆性的变化。所以这种变化看似个体的物质需求实现方式的变化,实际要实现这样的变化是十分困难的,甚至需要暴力革命。以交换机制为核心的政权和既得利益者会竭力维护交换机制的存在和运行,因此世界上最发达资本主义国家的政权都在努力维持交换经济的运行机制,以期交换机制能够长时间的存在。他们加大技术开发力度,使人类的需求不断升级,哪怕这种新形成的需求只是极少的部分人乐意消费的产品,他们也会去

七　分配经济

努力,因为这样起码可以带动局部的社会在按交换的机制运转,这样的技术进步对于他们来说也是值得去努力的。加大向其他国家输出其先进的生产产能和技术产品,以使本国的交换经济能够正常运转,进而延续其存在的时间。不断扩大分配经济在本国的比重,让失业者即没有获得收入能力的人群能够满足其基本生活所需,这种靠税收转变的再次分配也可以维持交换经济的运转。当然政府增加服务业的购买其实就是变相的分配手段,因为服务业并不产生社会财富,所以这样的做法只不过是延续了交换经济的思路,包括鼓励发展养老保险、失业保险、医疗保险等都是这一类的情况。

这些都是延续了交换机制的思路,从人类总的发展方向来看这都不是正确的选择,是交换机制下既得利益的掌权者的垂死挣扎,也是整个社会运行的惯性使然,包括排斥移民等都是这一类思维的产物。这种做法只能延续本国交换经济能够在一段时间内能较好地存在,但这种较好地存在也将随着世界其他国家经济的发展而一起结束,在其落后的国家也都发展起来,所谓的发达国家无法再向其输入产能的时候,那么整个世界上的交换经济就彻底走到了尽头,也就再也无法继续存在了。

在这个变化的过程中最大的冲击莫过于人们对个人财富观念的变化。交换经济的无法正常运行使得政府不断扩大对失业人员救济的范围和不断提高失业人员的福利水平,一方面让这些人的基本生活所需得到很好的满足,另一方面努力提高技术进步,导致更多的失业。同时由于交换规模较小无法维持交换经济的运转,那么分配的成分就会不断加大,在分配日益成为社会个体获取物质需求的方式时,个人的生存方式也就得到改变,在交换机制下的人的生存必须占有一定量的资源

经济的脚步——对《自然而然地生长》的补充解释之一

(包括自身的体能和智能)作为去与他人进行交换的本钱,这样才能使自己得以生存,而在分配的机制下,人不需要占有资源,也不需要参与劳动,只需要凭借自己是一个公民的身份就可以获得生存所需的物资。这就导致个人财富观念发生巨变,对于普通人而言拥有财富已经没有意义了。那么就必然导致更为严重的资产贬值和交换规模的进一步缩小。能够依靠分配得到生活所需,那么个人还占有那么多的资产又有什么意义呢?这个观念的变化会使得资产的价格巨贬,无论是经营性资产还是个人持有的不动产,包括城市的房子,那么个人还会购买或占有资产吗?所以大量的不动产变得一钱不值。首先是经营资产,因为随着生产技术的进步,原来很多的生产设施就没有了存在的价值,自然会贬值,其次个人的不动产也会大幅贬值,在一个可以通过分配解决基本需求的环境里,没有人愿意去购买资产。当然这个分配解决的到来还需要不短的时间,但这样的贬值压力已经显现,这会令交换解决发生混乱。

这种情况的出现对交换机制是个致命的打击。因为这些基本生活所需可以通过分配所得,个体就无需再占有资源去与人进行交换了,所以个人会放弃自己的财富;即使不通过分配所得,随着技术的高度发达,这些基本的生活物资的生产已经变得非常简单和容易,而价格自然也将非常便宜,而使得交换规模非常小,那么再以税收来实现再分配的手段也是无法进行的。这是个致命的打击而且无法回避,因为它是技术进步的必然结果。

所以社会主义取代资本主义是必然的。这时社会主义制度就会出现在人类社会并成为主导的社会制度,不再需要彼此交换各自所有的资源来作为个体获得生存物资的方式,也不再通过政府征收税收再次分配了,而是人们可以凭借自己的个人身份就可以获得生存所必需的物资,这是直接的分配,和过渡期的分配方式是截然不同的。

社会主义制度的确立表明了人类社会的生产能力已经发展到了一定的高度,资本主义社会与社会主义社会的最本质的区别不是所有制,核心的区别是生产水平的区别,其次是个体获取物资方式的区别,然后才是所有制度的区别,所有制的区别是依附在个体获取物资方式的不同而产生的,是个从属性质的制度。在资本主义时代由于生产水平低,不得不依赖每一个人的体能和智能,所以交换制度就是较好的制度,它能够适应社会的现实情况,能够让全社会的体能和智能通过需求的交换而得以充分繁荣发挥。而私有制只不过是为了适应交换制度的附属,所以目前世界上许多的政治和经济学者们还在为两个社会制度的差别是公有与私有而争论,当然这种争论也可能是某些人的利益在内所致。但放眼未来,这些利益都是无用的,不过人的寿命也就不到百年,所以这样的争论,对于个人也许是必要的。社会主义时代是生产技术水平很高的时代,极少数人的劳动就可以满足社会个体的物质需求,所以直接的分配是很好的制度,让人摆脱了物质需求的羁绊,人可以得到最大限度的解放和个人创造与发明能力的发挥,为更先进的人类社会的到来做出积极的努力,而没有交换机制下对个人才能的困扰和羁绊。

当然,在社会主义社会里也不会一下子全部用直接分配来解决个体的物资需求问题,因为这还必须等到技术达到尤其是人工智能达到在社会生产中极少的需要人的情况,所以社会主义也要经历一个低级到高级的发展阶段。

在初级阶段,社会个体基本生活的物质需求可以通过无偿的直接

经济的脚步——对《自然而然地生长》的补充解释之一

分配解决,包括丧失劳动能力和没有丧失劳动能力的,即使你是个健壮的人或者是个很有能力的人,只要你不愿意去参加劳动,同样你也可以获得自己生存所需的物资。这种基本生存的物资也就是指基本的衣食住行,但是你如果想去听音乐会或者是旅游等较为高级的消费项目是不能得到满足的。这些高级的消费需求还必须通过自己的劳动或者是更为高级的劳动才能够获得满足,这是因为这时的社会生产能力还不足以满足所有人的不劳动,必须有少部分的人继续劳动,当然是创造性强和非程序化的复杂而烦琐的两种劳动,如科技发明和伺候病人这样的劳动,这些智能机械还无法替代的劳动。所以在社会主义的初级阶段还会有货币的存在,但货币的作用其实已经是个记账的符号了,可以满足个体在不同物品之间的消费喜好不同的差别,也可以满足不同的还有的劳动者的付出的报酬和较高级消费的实现手段,更是社会物质生产和消费的核算依据。这与现在货币有着本质的不同,顶多是个代购券,没有储藏价值。

社会主义的生产技术水平还会不断发展,逐渐达到一个社会只需要几个人进行决策,然后几个人进行智能操控就可以解决全社会的生产问题的水平,那么全社会的个体的按需分配的时代就到来了。这时人类彻底摆脱了物质需求对人的羁绊,人可以随心所欲地从事自己感兴趣的事情,这样人类社会的禀赋各异的人的特殊才能够得到全面的发展,那么人类社会的进步将是更加快速和美妙。人类前进的动力已经不再是以个体对物质的需求为动力了,而是一个个体的才能能否得到极大的发挥为人类进步的动力。人类所谓的经济问题就永久的不存在了,努力发展经济时代也就彻底画上句号了。

本书是从生产力的发展与人类社会制度相互关系的角度进行分

析,得出社会主义社会到来的情形和路径。现实中社会主义社会的建立却有些不是这样的,在19世纪中叶以后世界上出现过很多社会主义国家,这与本书的论述不符。这是因为马克思的社会主义理论的出现,对社会主义制度的描绘让当时深受资本主义剥削和压迫的广大贫苦大众看到了希望,认为这是解决他们苦难的路径。而当时的资本主义还没有对无劳动能力等弱势人群进行救济的政策,反而正是榨取更大利润的时代,广大的贫苦大众深受其苦。二者一结合,就如同干柴烈火,以建立社会主义制度为主要目标的暴力革命就势不可当地席卷全球。但这样建立的社会主义社会主要是一种政治理想所致,不是社会发展达到一定水平自然进入社会主义的,这时又错误地固守着所有制是两个社会的本质区别不放,结果导致生产力水平进一步下滑,而出现了较大规模的失败。因为在生产力水平没达到少数人的劳动就可以满足全社会人的物质的时候,硬性按分配的手段来解决个体的物质需求,这等于忽略了人的体能和智能在劳动中的差别,而社会生产又离不开人的体能和智能,所以这样的分配与生产力水平无法匹配,而导致社会主义生产水平大幅下滑,因为不同的劳动在分配的过程中得不到体现,即劳动所得的报酬与劳动的付出没有关系,所以导致劳动的付出积极性不断降低,而使生产无以为继。但在生产力水平高的时代这个问题就不存在,因为社会生产本身就不需要那么多人参与劳动,参与劳动是一种荣耀,所以这个时候社会主义才可以存在并能够不断发展。

中国作为社会主义国家能够脱颖而出得益于改革开放政策,当时的中国能够明确提出"发展就是硬道理""科学技术是第一生产力"和"市场经济是手段,资本主义可以用,社会主义也可以用"。这些理性而切中问题实质的提法,而非一味地利用政治热情来指导中国的发展,而使中国不断地发展壮大,没有像其他的社会主义国家一样倒下。

目前中国的发展,已经可以和发达的资本主义国家并驾齐驱,所以现在的中国不要再受到资本主义的市场经济的影响,而应该利用自身的制度优势,在这个时段把交换的手段和分配的手段运用好,中国一定可以超越那些发达的资本主义国家,无论是经济,还是技术,乃至社会全面状况都将是它们无法比拟的。

中国可以实现衣食住行这四种人类生存所需最低水平的物质无偿分配,无论他是否有能力参与劳动,还是他不愿去劳动,我们都可以无偿为他提供最低的生存物质,如表7-1:

表7-1

衣	食	住(公积金)	行
300元/年	300元/月	200元/月	30元/月
		+500×2 取暖降温费	

说明:

①可以根据不同地区进行调整。

②可以根据个人或家庭人口进行调整。

③保障最低的衣食住行条件,但不包括教育和医疗。后两者,本书以为属于较高的需求层次,若为培养人才着想可进行智力选拔,对优秀者给予教育补贴。

但是除了这些基本的生存物资之外,社会就不再提供,比如教育、医疗、文化娱乐、旅游等非正常生存之外的物资之需,社会都让他必须通过努力才能够获得,这样做,避免了交换萎缩为社会经济运转带来的不利影响,解放了每个人都受到的交换机制对个人生存物质的制约而

七 分配经济

无法发挥个人的特长,使得个体可以也必须在基本生存无忧的情况下,想过优质生活,就必须努力,而且这种努力只有两个方向,就是提高能力和加大付出,这样整个社会就会在较高的层次上产生竞争,也使得社会能够在较高层次上发展,摆脱生存物资对人类的羁绊。随着发展水平的提高,我们可以不断扩大基本需求所谓无偿供给的范围,如增加基本的医疗、教育等,这样整个社会就逐步进入了社会主义的高级阶段,当社会的无偿供给能够覆盖所有基本需求时,人类就开始进入了共产主义。然后再按同样的方法,我们可以逐步把不同的需求提高无偿供给的档次,如在全部的需求都可以基本满足后,我们首先将衣食住行所需物资无偿供给的档次提高,然后是其他种类的需求物资无偿供给的档次提高。直至整个社会的需求都达到高级阶段的无偿供给,那么人类就达到了按需分配的阶段,高级的共产主义社会也就自然实现了。

我们中国在这个方面是有着先天的制度优势的,所以只要我们思路正确就一定可以超越其他发达国家。中国共产党第十九次全国代表大会明确提出中国目前的"社会主要矛盾已经转化为人们日益增长的美好生活需求与不平衡不充分的发展之间的矛盾",这是个正确的判断,也是个伟大的判断,这个判断意味着中国也面临着交换经济的发展机制逐渐向分配经济的发展机制的转变期,如何转变好,只要在具体的办法和细节制度设置上处理妥当,那么中国超越世界上其他国家将是一定的。当然,这个判断已经为这个可能奠定了非常坚实的基础。

目前中国最大的问题:一是无法接受医疗、教育不纳入无偿供给的基本需求,因为现行的政策是把这两个纳入福利救助的范围,现在又要把这两个拿出来让人作为付费项目,而且是高付费的项目,恐怕社会不会接受。但只要我们从满足正常人的基本生存需求,把正常人从物质

经济的脚步——对《自然而然地生长》的补充解释之一

需求的羁绊中解脱出来,就可以为整个社会解放人的智能,可以极大地提高社会的创造力,如此社会的发展将更加快速和高档。二是农村的土地制度公有,这个本不是什么大问题,因为本书认为资本主义和社会主义的主要区别是生产力的发展水平,而非所有制,所有制只是从属于分配制度的制度。但目前这个土地制度却是让农民无法摆脱土地对其的羁绊。拥有一份土地是农民的特权,这样把农民这个职业变成身份,目前这个情况使得社会资本无法进入农业,也使很多农民受到土地的羁绊,而无法彻底脱离土地。以中国目前的生产水平,农业的产能已经得到很大提高,一是使农业的劳动力显得过剩。二是土地的价值降低,由于同样土地的产出大幅增加,那么农业土地的价值就大幅降低。这个情况我们只有和封建社会的土地价值相比较,就很清楚地看到这个情况。三是因灾年饥荒导致社会动荡的情况也不可能发生了。因为抗灾的能力强了,粮食产量的增加,使得粮食的储备也变得非常容易。只要成立一个国家的粮食储备局,对市场进行调节就足以让社会的粮食供应得到很好的满足。土地私有后可以解放农民,又可以使得社会资本进入农业,这样就可以提高农业的生产水平,那么理论上粮食的价格就可以进一步下降。按照本书的理论这种可以再生的资源应当鼓励其出口,那么我们可以把中国的粮食做到全世界价格最低,这既有利于国内人口的消费,又有利于贸易,且可以不断再生,对中国的社会和经济都是有利的。党的十九大就提出加大最低生活保障的覆盖范围,这就为农村的土地改革提供了有利条件。当然,考虑到传统把公有制与社会主义制度挂钩的看法,也可以把农村土地使用权进行招租,租金用于全民低保,似乎更合乎国情。

（五）价值期

即共产主义社会时期。其实这时的状况表明人类社会的发展已经摆脱了物质需求对人的羁绊，人类已经完全脱离了物质需求这个层次的制约，可以说物质需求对任何一个普通人来说已经不存在任何问题了，没有人再去努力通过个人的财富增长和个人的高档物质消费来显示自己的存在价值，来寻找优越感。人类的发展进入了非物质需求的动力时代，这时的人以能够参与劳动而让社会尊重，这表明他的能力过人，这些可以参与劳动的人能够行使更多的社会公权。

这时的社会，社会物资的分配不需要交换，没有货币。整个社会的运行类似公有制社会。社会被极少数能力极高的人所管理，社会管理、生产、创新都在这些人的主导下进行，社会的人口被按能力分为等级，不同的等级得到的物资及其他各方面的权利都是不同的。假如把人分为四等：第一是最高等的，他们创造能力极强，管理社会或技术创新交给他们。这类人人数少，他们在整个社会中处于极为优先的地位，一切都可以得到满足。第二等是能力差一点的，为做些辅助工作的，他们也在社会中享有极高的地位和权利，生活富足而有尊严。第三等是社会体系运行的承担者，如警察、法官和具体从事社会生产的工作者。这些工作既是未来提高自己的地位的需求，也是社会规定的必须要尽的义务。第四等则是没有工作能力的人，他们生活的基本需求不愁，但没有各种权利和尊严。

要达到这个阶段还需要一个漫长的过程，目前及以后一个很长的时期会是在以交换为主、分配为辅的阶段逐渐发展为以分配的成分逐

经济的脚步——对《自然而然地生长》的补充解释之一

渐变多,交换逐渐变少阶段的前进过程。这个过程对于目前的经济冲击是巨大的,所以我们有必要对此阶段进行深入细致的探讨,以期对今后一段时间的社会经济发展能够起到指导作用。

后　　记

我是一个做小生意的,在勉为其难地写完《自然而然地生长》这本书以后,就再也没有一点写书的欲望,因为既没有系统的理论支撑,凭个人的兴趣和想象,弄不好就成为笑话,而且还要面对生活,要去赚钱养活自己及家人。但儿子被伦敦大学的数学与经济专业录取,儿子给我发来信息,我非常高兴,觉得应该做点什么,又上网看了看,数学与经济专业的课程还是非常难的。我想为儿子今后的专业学习提供一点建议,于是就顺着数学与经济学的思路来看以往的经济学。这一注意发现经济与数学的关系并不密切,尤其是货币的投放与商品的价格关系,根本不是比例关系,不是向一个池子里放水而水位不断升高的过程。市场是个生态的体系,货币的投放会使得不同的商品的价格发生不同的变化,就像下雨而树林中的生物生长却不同步一样。于是按照这个思路我进行了一些研究。而且我关注个体的命运,从个体的物资获得方式上来看与经济的关系,如此就构成了本书的内容。